世界の知恵を手に入れる
座右のことわざ365

話題の達人倶楽部〔編〕

青春新書
PLAYBOOKS

はじめに　～生きる知恵は、たった一言に凝縮される～

日々の仕事や暮らしは、迷いの連続です。

「人生がんばっても報われない」「仕事が思い通りにいかない」「思い描いていた暮らしになっていない」「人間関係がうまくいかない」……。

そんなとき、ほんの少しの気づきや発見で、パッと好転するものです。人生の糧になる知恵はたった一言に凝縮され、ことわざとして、世界各地で語り継がれています。

人間は、努力する限り、迷うものである　ドイツ
嘘は早く広がるが 真実は必ず追いつく　南アフリカ
身体にはワインを　魂には笑いを　フランス

生きるヒントになる国や地域、民族などの言葉の数々を、本書に厳選して収録し、現代の私たちに役立つように解説しました。パラパラとめくって自分にぴったりの言葉を探してみてください。あなたを支える一言が見つかりましたら幸いです。

1章

前に進む力の源になる

挑戦するとき、冒険するとき、夢を追うとき、道しるべになります。
自信がないとき、苦しいとき、失敗したとき、背中を支えてくれます。

「賽は投げられた」ラテン

No. 001

勝負に対する心構えとは

賽《さい》は投げられた

ラテン

「賽」とは、勝負を決めるサイコロ。サイコロを振ったら勝敗を決するまで終わらないことを意味しています。古代ローマ時代、ポンペイウスと対立したカエサルが、ルビコン川を渡って進軍するときの言葉ともされます。渡ったが最後、引き返せないためです。一度、引き返さないと決めたら、あとはずっと目標に向けて前に進むのみです。

No. 002

新しいことを始めても長続きしない

スープで一番熱いのはいつだって最初の一口

アイルランド

最初は苦労しますが、慣れるにしたがって効率が上がる、もしくは、どんどん楽しくなるといったことがあります。仕事や勉強、習い事などがそうですね。初めての仕事に「きついのでやめたい」と、実は多くの人が思うもの。それでも、まずはしばらく続けるのも大切。慣れてくれば楽しい仕事になりますよ。

No. 003

最近、新しいことをやってない……

最初の一歩が一番辛い

ドイツ

「新しいこと」は脳にとってはストレス。避けるようにできているそうです。たとえば、趣味でピアノを習いたい、ドイツ語を勉強したいなど、人によってさまざまな夢があるでしょう。しかし、脳は抵抗します。けれども、脳は続けることには寛容です。初めの一歩さえ踏み込めば、あとはすんなり進めたりするものです。

No. 004

いつも後悔ばかり

踏み出した一歩
後戻りは禁物

インドネシア

人は何かに挑戦するとき、迷いや不安に負けてしまいそうになります。プレッシャーに押しつぶされそうになりますよね。でも、後戻りをしない決意を固めるのも大切です。一度、きっぱり後戻りしないと決めると「どうすればうまくいくか」を考えるようになるからです。

No. 005

結果が出ない努力は意味がない？

雫《しずく》の一滴一滴が石を穿《うが》つ

イタリア

液体の水、それも雫が長い間硬い石に落ち続けると、貫き通す。このことから、小さな行いでも続けていけば実《み》を結ぶという意味です。小さく、かぼそい一滴は、何の効果もないように思えます。ですが、その一滴一滴が大切。見える成果は出ていなくともコツコツと積み重ねることで、やがて誰もが驚くような結果が出るのです。

No. 006

もやもやした不安が集中を妨げる……

精神一到
何事か成らざらん

中国

困難なことでも、集中して事に当たれば、成し遂げることができるということ。漫画『鬼滅の刃』の作者、吾峠《ごとうげ》呼《こ》世晴《よはる》さんは当初、連載が取れず、漫画家を辞めることまで考えていたとか。それでも描き続け、描き続けて連載決定。1話目から評判が高く、空前のブームを巻き起こしました。

No. 007

自分はたいしたことしてないかも……

一《ひと》握りが山になり 一雫《しずく》が海となる

インドネシア／マレーシア

一握りのわずかな土は積もると山となり、一雫のわずかな水も集まると海となる。転じて、あなたのささやかな善意が、大きな恩恵になるという意味です。たとえば、献血をしたら、助かる命があるのです。また、募金のようにほんの小さな善意でも積もれば、より多くの人の幸せへとつながります。

No. 008

大きすぎる目標にひるみそう

ローマは一日にして成らず

イギリス

何事においても、大きなことはそう簡単に成せるものではありません。長い年月をかけてコツコツと努力していくことがやがて実って、その大きなことが成し遂げられるのです。それと同じで、大きな目標はすぐには実現しにくいものです。しかし、日々、一歩一歩、積み重ねていくと、実現に近づいていきます。

No. 009

結果が〝すべて〟でしょうか?

人事を尽くして天命を待つ

中国

人としてやれることをすべてやったら、あとは心静かに、その結果を天の意思に任せることをいいます。どんなに事前に戦略を立てても、予期せぬ事態は起こるもの。まずは「やり切った」と思えるほど、できることはすべて行う。そうしたらあとは天任せ。結果は、天からの何かしらのメッセージと受け取り、次につなげましょう。

No. 010

驚くような成果は忘れた頃にやってくる

魔法は時間がかかる

南アフリカ

幾年月を重ねて人類は、科学を発展させてきました。地球の裏側の人とテレビ電話できたり、かつての不治の病を治せたりします。魔法のようなことが人間はできるのです。ただし、実現には時間がかかりました。それは、あなたが今がんばっていることも同じです。思うように成果が出ないとき、思い出してみてください。

No. 011

しんどい仕事を楽にしたい……

少しだけやろう
いつもやろう

バスク地方

スローガンのような軽やかさをもったことわざです。たとえば、いつもきれいな部屋で暮らしたいものですが、どうも掃除は大変。そこで、1日5分程度で、ある部分だけ掃除をする。それを毎日やったら、部屋はずっときれいです。大変なことも分割すると、意外に簡単に思えてきませんか。

No. 012

まずは、ほどほどのレベルから

積み荷が重過ぎると
目的地まで運ぶことは
できない

中東圏

積み荷が重過ぎると途中で息切れしてしまい、目的地にたどり着けなくなります。転じて、このことわざは、夢や目標があまりに高かったり、すべきことが多かったり、負担が多かったりすると、志半ばで挫折してしまう可能性があるという教えです。ときに抱え込み過ぎずに、積み荷を降ろす勇気もまた大事なのです。

No. 013

生きることの理由って何だろう

人生はメッセージです、聞きなさい。
人生は信念です、受け取りなさい。
人生は愛です、想いなさい。
人生は冒険です、挑戦しなさい。

アフリカ

全ての人に共通した生きる目的は、天や神から与えられたミッション（使命）を遂行するため、という考え方があります。遂行する想いを信念として持ち、愛を持って世の中に善良な何かを生み出していく。それが人生ということです。人を幸せにするという信念のもと、挑戦することは立派な生き方です。

No. 014

やらない理由ばかり考えてしまう

何かをしたい者は
手段を見つけ
何もしたくない者は
言い訳を見つける

アラビア

うまくいかなかったときや思い通りに物事が進まないとき、すぐにできない理由を見つけてしまうものです。人は言い訳を見つける天才です。けれども、言い訳は自らに限界を作るものでもあります。できれば、言い訳を言いたい気持ちをグッとこらえ、どうしたらうまくいくかと頭を切り替えて、一歩を踏み出すようになりたいですね。

No. 015

何かしたいけど、失敗が怖い……

ミスを犯さない人間には何もできない

イギリス

迷路やパズルは、間違いがわかってはじめて正しい道を選ぶことができます。間違いを恐れるのであれば、その場で立ち尽くすしかできないでしょう。そこには、何も起こらず、何も生まれないのです。ミスや失敗は、成功への試行錯誤の途中。恐れるべきはミスや失敗すらしないこと、なのかもしれません。

No. 016

結果が出なくてくじけそう……

天は自ら助くる者を助く

イギリス

たとえ今は結果が出ていなくても、諦めることはありません。そもそも、チャンスとは誰にでも訪れるものなのです。しかし、結果を手にするのは、目標に向かって歩みを進めている人だけです。そんな人には、必ず運が訪れ、やがて夢を叶えます。人生たゆまず、くさらず、努力していきたいものです。

No. 017

夢を叶える人がやっていること

誰でも、求める者は受け
探す者は見つけ
門をたたく者には開かれる

新約聖書

このことわざは、行動する人だけが望みを叶えられるということ。言い換えると、「授かる人は求めている。見つけられる人は探している。扉を開けられる人は門をたたいている」となります。つまり、誰でも、熱心に粘り強く求めていなければ、叶わないということ。待っているだけでは叶いません。

No. 018

人生が楽しくなる道はあるのか

好きな道に坂はない

バスク地方

好きなことはあっという間。苦労でも何でもありません。ところが、仕事となると「がんばらなくちゃ」と重い腰を上げるようです。たとえば、絵を描くのが好きでイラストレーターになったけれど、仕事でイラストの制作に明け暮れると、疑問が湧いてきてしまいます。しかし、その仕事が他人の好きな道になったりもするのです。

No. 019

ひとつのことにのめり込めない

多くに手を染める者は
やり遂げること少なし

ドイツ

就職した通信会社を辞めて、機器メーカーに。時間を経ずにメディア関係に転職と、働き口を転々とする——。もちろん、さまざまなことに興味を持てるのは大事な資質です。しかし、このことわざは、多くのことに取り組むと散漫になり、結果が出にくくなると教えてくれます。ひとつのことに打ち込むこともまた大事な考え方のひとつです。

No. 020

がんばり過ぎて疲れた……

炒《い》り過ぎて焦がすことなかれ

インドネシア

食材によっては、適度に火を通すと甘味が出ておいしく食べることができます。火を通し過ぎると苦味や食感が落ちておいしくなくなることも。何事も、適切な時間と質、量などのバランスがあるようです。人生もそれと似ています。がんばることと自分を大事にすること。両方をバランスよくしてください。

No. 021

なぜ成果が出ないのだろう?

こだまは叫んだとおりに答える

シベリア

山で叫ぶと、こだまとなって返ってきますが、そのこだまは自分自身が発した言葉がそのまま返ってくるのです。転じて、このことわざは、行動したことは、自分にそのまま返ってくる、すなわち、得られる結果は自分次第ということを伝えています。大きな成果を生み出したいのなら、それなりの行動が必要なのです。

No. 022

初めの勢いは良いが、終わりが振るわない

ホルンベルクの祝砲のようになる

ドイツ

ドイツの都市ホルンベルクで、祝砲の練習を熱心にしていたのに、肝心なときに火薬がなかったことから。転じて、最初は上手くいっても、終わりが振るわなくなることを意味しています。やる気満々で取り組んだ仕事なのに、やがてやめてしまう。そのような人は適度な休息がなかったのでしょう。自分を労わることも大事です。

No. 023

何かを得ることは、何かを失うということ

卵を割らずにオムレツは作れない

フランス

とろける舌心地のオムレツ。人気の逸品ですが、見方を変えると生まれるはずのヒヨコの命を頂いているものでもあります。転じて、物事には、代わりに失うものがあることを示しています。物を買うには稼いだお金が、ボーッとするには残りの人生の時間が費やされているのです。「失う何かがある」と、このことわざは気づかせてくれます。

No. 024

大きなことをしたい

蛍の尻で天は照らせぬ

ネパール

蛍の光は、はかなく美しい。けれども、夜道を歩くには心もとない。転じて、資金や努力がか細いとできることは限られるのです。もし大きな事業を成し遂げたいと思うのならば、それなりの〝先立つもの〟がなければなりません。立派な志をお持ちでしたら、次のステップは軍資金の調達です。

No. 025

鴻《こう》鵠《こく》の志

志の小さな人に笑われても気にしない

中国

鴻鵠とは大きな鳥のことで、ことわざは大きな志の意。中国の春秋戦国時代、秦《しん》の勢力が盛大であった頃、陳勝《ちんしょう》が「俺が将来出世してもお互い忘れないようにな」と言うと仲間はあざ笑いました。そこで嘆いて「志の小さな人に、大きな志をもった人の心がわかるものか」と言ったことに由来。陳勝は後に秦滅亡のきっかけをつくりました。

No. 026

最後の最後で失敗しないために

百里を行く者は九十里を半ばとす

中国

「魔が差す」という言葉があります。気が抜けた瞬間にすべてが台無しになることを指します。たとえば、ドミノ倒しでは、終わりが見えたとき、魔が差すとすべてが崩れ出してしまいます。何事も達成する上で難しいのが最後の詰め。ともすれば、終わりまであと少しのところは気がゆるみがちです。そうならないための戒めのことわざです。

No. 027

お祈りしても願いが叶わないのはなぜ?

お祈りは唱えても
櫂《かい》の手は休めるな

ロシア

　このことわざは、神頼みだけで何もしないのなら、何も起こらないことをいいます。手を合わせて祈るのも大切ですが、自分を助けるのは自分しかいないと考え、行動することが大切。祈るだけですべてが叶うことなどありません。その願いを叶えるのは結局、自分の行いの先にあるのです。

No. 028

進めるからには堂々と

恐れるならするな
するなら恐れるな

モンゴル

おどおどしながら物事を進めるくらいならやらないほうがまし。物事を進めるなら、怖がらずにやりなさいということ。物事を進めるには決意と覚悟が必要です。それがない状態で進めようとしても決してうまくはいかないでしょう。半端な心は挫折の要因となります。進めるからには堂々と進めたいものです。

No. 029

天狗になるのが最も危険

名を得るは一生のもの
名を汚すは一日のもの

モンゴル

一生かかって積み上げた名声ですが、それが汚れ、失うのはたった一日の出来事で事足りてしまうといいます。「名声」を「信頼」と置き換えてもいいかもしれません。どんなに人に尽くした政治家も汚職事件でたちまち信頼を失墜させてしまうのはよく見聞きすること。名声を得たからといって天狗になるのは危険です。

No. 030

心構えや努力が大事

アレキサンダー大王も一度は赤ん坊だった

イギリス

このことわざは、国を支配するような権力者や一般の庶民でも、生まれてきたときはみな同じ赤ん坊。ですが、その後に身につけた心構えや努力の積み重ねで、人生に大きな差ができるということを表しています。人生を決めるのは出自ではありません。人生にはその後の心構えや努力が何よりも大事です。

No. 031

生まれも育ちもよくないからうまくいかない？

偉人は賎《せん》の伏《ふし》屋《や》から出る

イギリス

賎の伏屋の「賎」とは貧しい、「伏屋」とはみすぼらしい家を表しています。このことわざは、世の人々から偉人と呼ばれる人は、貧しい家から生まれるということ。多くの成功者は、逆境から人生の艱難辛苦《かんなんしんく》を乗り越えて成功しています。逆境を乗り越える力こそが人生の成功をつかむ力となるのです。

No. 032

月《げっ》桂《けい》冠《かん》の上で眠らない

偉人ほど名声の上にあぐらをかかない

フランス

月桂冠とは、ギリシア神話の神アポロンの聖樹、月桂樹（ローレル）の葉をリング状に編み込んだ冠で、名誉なもの。ノーベル賞受賞者は、Novel Laureates（ノーベルのローレルを冠した者）といいます。受賞者の多くが「世界の人々の豊かな暮らしに貢献したい」と言うように、名誉の上で眠るような不名誉なことなどしないのです。

2章

働く人の心にしみ込む

日々の暮らしのため、家族の生活のため、世のために仕事をする人を励まします。どのように働けばいいか、仕事とは何か、労働が何をもたらすか、教え諭します。

「一人が樹を植え万人が木陰で涼む」中国

No. 033

何のために仕事をするのでしょう

一人が樹を植え万人が木陰で涼む

中国

これは、世のため人のために働くことを勧めることわざです。たった一人の力でも多くの人を助けたり、癒やしたりすることができます。一人一人が多くの人のためにやってきて、人類は発展してきたのかもしれません。仕事は世のため、人のためのものです。あなたの仕事も、気がつかないうちに万人の木陰になっているのです。

No. 034

ハードルを乗り越える

仕事をして人となる上り坂を越えて駿馬《しゅんめ》となる

モンゴル

このことわざは、人や馬が一人前になるためには、人であれば厳しい仕事をやり遂げてこそなれるもの、また、馬は困難な険しい上り坂を越えてこそ優れた馬、すなわち駿馬になれるのだと伝えています。人も馬も一人前に成長するためには、ある種のハードルを乗り越えるという試練が必要なのですね。

No. 035

終わりの見えない仕事にうんざりする……

山が高いからといって
戻ってはならない
行けば越えられる。
仕事が多いからといって
ひるんではいけない
行えば必ず終わるのだ。

モンゴル

富士登山は、7～8合目がきついのだそうです。先が見えず、登頂まで体力が持つか心配になるのです。同時に、仕事も終わりが見えないと気おくれしますよね。しかし、そのプレッシャーに負けて、やめようとしないでください。仕事に取り組んでいるなら、必ず前に進んでいるのです。さあ、始めましょう。

No. 036

多くの成果の裏にあるもの

多くの仕事から多くの成果がある

インド

多くの成果は、多くの仕事から生まれるということ。つまり、多くの成果を出してきた人は、多くの仕事をこなしてきたのです。もちろん、取り組んだ仕事すべてから成果を得られるわけではありません。いわゆる生産性が低い働き方に気をつけなければならないこともあるでしょう。それでも、このことわざの法則は変わりません。

No. 037

地味に働いて意味があるのか

愚直に働く農夫だけが最も育ったジャガイモを収穫できる

ドイツ

「愚直」とは、実直で一本気なことをいいます。わき目も振らず、勤勉に働く者だからこそ、最も良い物を収穫できる。ときに、天候不良で実りの少ない年もあるでしょう。しかし、何事も丁寧に、丹念に、着実に、目標に向かって一心に努力する人は、相応の大きな成果を手にできるのです。

No. 038

小さな火でも長く燃え続けたい

赤い炎は長続きせず

イタリア

赤々と勢いよく燃え盛る炎はすぐに燠《おき》（薪などが燃え尽きて炭火のようになったもの）になることにたとえて、熱しやすくて冷めやすいことを意味します。何かに取り組むとき、はじめのうちは頑張りますが、そのうちにやめてしまうことがあります。長続きさせたければ、赤よりも温度の高い青い炎で燃え続けていきたいものです。

No. 039

ゆっくり急げ

忙しくて、心が損なわれる

ギリシア

早くすまそうとして慣れないことをするとかえって失敗する。多少の時間や手間はかかっても着実な方法をとりなさいという意味のことわざです。急がば回れです。また、大いに忙しいことを「忙殺」といいます。〝心を亡くす、忙しさに殺される〟という字が隠れています。気持ちは「ゆったり」、手際は「早い」。そうありたいものです。

No. 040

何をして働くか

怠け者の星占い

アラブ

怠け者はせいぜい星でもながめて、占いでもしていればいいということのたとえ。かつてアラブでは、実業とはほど遠い学問は、ヒマ人がやることとさげすまれていたようです。そうした文化的な背景から出た言葉です。現代では天文も星占いの研究も盛んで、仕事として取り組める立派な分野として確立しています。

No. 041

時々自らを反省

小さな怠惰《たいだ》から大きな怠惰になる

モンゴル

「怠惰」とは、すべきことをせず怠けてだらしない様子。たとえ小さな怠け心でも、人は弱いもので、やがてそれは積み重なり、自堕落《じだらく》な生活を招くということ。一度休んでしまったら、ささいなことでも休みたくなってしまいます。怠け癖は、ついてしまうとなかなか取り除けません。そうならないために、自らを律することを大事にしてください。

No. 042

仕事は丁寧に、確実にがよい

早くて遅い

パラオ

いくら早く仕事ができるといっても、計画性もなく雑な仕事をしていると、ミスが多く出たり、成果にムラが出たりして、その仕事の修正、やり直しなどでかえって時間のロスが出てしまい、結果的に仕上がり、仕事の完了が遅くなってしまいます。仕事は丁寧に、確実にを心がけたいものです。

No. 043

段取りをよく考えて行動する

あわて者は、同じ仕事を二度繰り返す

イラン／アフガニスタン

あせって仕事をすると失敗しやすく、したことが無駄になってやり直しするはめになるということ。あわて者は、思慮に欠けたますぐに行動して失敗します。結果的に損をするため、手際よく、段取りにそって取り組むことが肝心です。行き当たりばったりではなく、まずは工程表をつくりましょう。

No. 044

最高の宣伝の仕方

良いブドウ酒は自ら語る

ポルトガル

良い物は宣伝しなくても知れ渡ることを表しています。無理にお金をかけて宣伝しなくても、良い物は人から人に伝播《でんぱ》して、やがて大勢の人が知ることになるのです。なぜならば、最高の宣伝文句は、真実味のあるたったひと言「うまい!」ですから。人が人に、どうしても伝えたくなる良い物をつくることを心がけたいものです。

No. 045

雑用を雑にしてはいけない？

一杯のお茶
それをきちんと
いれることができたなら
あなたはすべてのことが
できるはず

イスラム

雑用を軽んじてはいけません。そこに「心を込める人」と「こなすだけの人」では、学習能力に格段の差が出てきます。本当に心を込めて行う人は、どんなにささいなことでも相手に喜ばれるにはどうすべきかと、常に研究しています。そのような人はどんな仕事でも一流の仕事ができるようになれるのです。

No. 046

自らも可能な限り努力をする

汝《なんじ》からは行動
神からは加護

イラン／アフガニスタン

　このことわざは、願ってばかりで何もしないのではなく、自ら行動を起こしなさい、そうすれば必ず天の助けが得られて成就するということ。受験合格や商売繁盛などを願い、神社巡りをすることが一種のブームになっている昨今、神様にお願いをするだけでなく、勉強をしたり、仕事に精を出したり、自らも努力をすることが大切です。

No. 047

もう、やめたい……

それは君の仕事だ

パプアニューギニア

このことわざは、与えられた仕事は責任をもって結果を出していくことが大切だと伝えています。仕事を投げ出したい、逃げたいと思うことあるのではないでしょうか。しかし、それは君（自分）の仕事です。やり遂げるという覚悟が必要です。逃げずにやり遂げたら、他人から認められたり、自身の成長につながったりするのです。

No. 048

時代に追いつけない……

泡立つ激流は凍らない

北欧圏

活発に活動している人は、時代に取り残されることがないということ。常に活発に活動している人は、自らの目的に向かってさまざまな情報を得ながら行動しています。新しい情報にも敏感で、社会の動きに常にアンテナを張っている人も多いのです。そのようなことから、決して時代に取り残されることはありません。

No. 049

先の仕事も今やる

明日のことは今日やれ
今日のことは今やれ

ネパール

何事もどっしり構えるのも良いのですが、こと仕事に関してはテキパキと処理していきたいものです。このことわざは、先のことはわからないのだから、さっさとやってしまいなさいといっています。明日、もしかしたら熱が出てしまう、電車が遅れてしまうかもしれません。今できるのならば、先の仕事も今やったほうが効率が良さそうです。

No. 050

いいアイデアを思いついた！

考える人は行動する人である

フィリピン

「考えはあっても行動しない人」「考えがなくても行動する人」さて、どちらが良いと思いますか？　一概には結論が出にくい問題ですが、少なくとも、たとえ良い考えがあったとしても、行動しなければ意味がないということ。考え、それを実現するようになりたいものです。

No. 051

天に流れを任せる

成るようにしか成らぬ

アイスランド

人には「できないこと」がある。また、その運命を受け入れること。受け入れて初めて、自分ができることが最大限にできたり、幅を広げたりできるのです。たとえば、受験にどんな問題が出るかわからない。ならば自分のできることはひたすら効率よく勉強することに尽きます。その後は天に身を任せることも大切です。

No. 052

最善を尽くすしかない

片手で拍手

タイ

片手で拍手はできないことから、無理な注文や、できない相談のことを意味します。たとえば、同僚からのむちゃな頼まれ事や、取引先からの無理な要求に遭遇したら、断れるのであれば断るのが賢明です。また、不可能とすぐに判断することも大事です。最善を尽くすのはその後です。

No. 053

最初に失敗して幸先が悪い。
やめたほうがいいのか……

床屋が店を出したが最初の客はハゲだった

アラブ

仕事が最初からつまずくことを意味しています。どんな仕事でも、初めからうまくいかないことは十分にあり得ます。最低限、努力不足や準備不足が原因とならないように気をつけたいものです。また、思いもよらぬことをどのように乗り越えるかが、今後の命運を握るともいえます。どう、乗り越えますか？

No. 054

辛いことばかり……

長い道のりに百の曲折
長い人生に百の苦楽

チベット

道には、必ず曲がり角があります。建物や木などで死角になると、その先が見えません。もしかすると、悪路に当たるか、あるいは思いがけぬ幸運に導かれることも。人生も同じように、苦が訪れるか、楽に進んでいるかわからない。人ができる唯一のこととは、それを愉しめるかどうかではないでしょうか。

No. 055

最近、手抜きになってない？

新しい召使いは歩くのが速い

イラン／アフガニスタン

とかく人は、仕事に慣れてくると懸命さを忘れ、怠け癖がこびりついてくる。しかし、新任者は懸命に取り組むため、仕事ぶりが良いものだと、このことわざはいいます。企業は人事で社員を定期的に異動させるのも、こうした効果があるから。常に懸命な気持ちで取り組むために、仕事内容や立ち位置を変えることも大切です。

No. 056

まずは「程度」を知る

コーヒー豆は炒《い》るだけ焦《こ》がしてはダメ

アラブ

おいしいコーヒーをいれるには、コーヒー豆を炒るだけで焦がしてはいけない。転じて、何事にも程度があるため、やり過ぎたり足りなかったりするのは良くないということのたとえです。程度を守れば、仕事でもプライベートなことでも、うまく進む可能性が高くなります。まずは「程度」を知ることが大切です。

No. 057

将来は予測できない

やっかいなことは明日にしよう

フランス

まじめな人ほど、このくらい気楽にいるのも悪いことではありません。いつ何が起こるかわからない世の中ですから、将来を思い悩んでも仕方がありません。将来に不安を抱くばかりに今を押し殺しては、結局、なんのための人生なのでしょう。フッと肩の力を抜いて、「今この時」を楽しむようにしてみては。

No. 058

動くことが一番のデトックス

気分の悪いときには むしろ大汗をかけ

ポルトガル

理にかなったことわざです。汗を大量にかくことは、体内の老廃物を排出するデトックス効果があるとされています。そうやって体も気分もスッキリさせようということです。ポルトガルはワインの産地として有名です。二日酔いになった時の対処法としてこのことわざが生み出されたのかもしれません。

No. 059

忙しい、忙しい
人世《じんせい》はコーラナッツの
ようなもの、たまには
休みが必要

ハウサ

人は働いてばかりいては心身が病んでしまうから、たまには息抜きをしなさいという意味のことわざです。ちなみに、コーラナッツとは、コーラ（植物）の種子で、古くから親しまれている嗜好性の強い食べ物。風通しのよい場所で保存しないと早く傷んでしまうことから人の世のあり方にたとえられました。

No. 060

他人ばかり気になって、自分のことは疎かに

ランプは自分の脚を照らさない

イラン/アフガニスタン

他人のためにすることばかりが忙しくて、自分のことが疎かになること。たとえば、他人の世話好きで、社内でも評判の仲人名人。しかし、その人はいつまでも独身だったりすることがあります。人生、他人に尽くすのは素晴らしいことです。そんな人こそ、まずは自分を大事にしてあげてください。

No. 061

休むことは怠けてること？

一生懸命に働いて健康を害することはないって言うけど、用心してるんだ

アフリカ

一生懸命に仕事をすることで気がつかないうちに体を壊していることがあります。そんなまじめながんばり屋には、どうぞ、このことわざを使って休みを取れるようにして頂きたい。怠惰な人がこの言葉を盾にして仕事を休もうとするのには眉をひそめてしまいますが。

No. 062

働く人すべてが気をつける3箇条

労働を愛し
支配を憎みなさい
権力になじんではならない

ユダヤ

　このことわざの意味は、支配者、権力者には屈せずに、生活の糧を得るために積極的に働きなさいということ。働いていると、支配は気づかぬうちにそこにあります。また、権力を得るとどうしても、人は支配をしたがるもの。どんな者でも、世のため、人のために行う「労働」を愛そう。このことわざは、そう教えてくれます。

No. 063

当たり前のありがたみに気づく

一粒の米に百粒の汗がある

台湾

米づくりには、田んぼの準備に始まり、育苗《いくびょう》、田植え、その後は水を入れたり、減らしたり、肥料を入れたり、その間に雑草取りや病害虫を駆除したりと田んぼの管理、そしてようやく収穫へと至ります。そのように手間暇かけてつくる米の一粒一粒が、苦労の結晶です。農家の方々に日々感謝して食べたいですね。

No. 064

当たり前にある便利なものは、
人知れず仕事した人のおかげ

水を飲んで井戸を掘った人を忘れず

中国

当たり前にある水には、その水が出る井戸を掘った人がいることを忘れてはいけない。つまり、受けた恩を忘れてはいけないということ。中国では革命の犠牲者に対して使われます。我々が今日快適に生活できるのは、すべてが先人（先祖）のおかげです。転じて、人知れずに働いている人のおかげです。

No. 065

物事の順序とは

料理は前菜、スープの順で手をつける

フランス

フルコースの料理には、その料理を最大限楽しめるように、食べる順番があります。このことわざは、何事も夢や目標には実現しやすい順番があると示しています。たとえばライターになりたいと思ったら、SNSや同人誌など、まずは文章を書き上げる事が第一歩。書いたことがなくて、人に見せる実績がなければ、どの会社も依頼してきません。

No. 066

本番に弱いけれど、どうにかならないか……

戦のときには武器は磨かない

ポルトガル

有事に備えて準備を怠らないことが大事という意味のことわざです。たとえば明日、役員の前でプレゼンがある場合、前もってプレゼン内容の確認はもとより、使う機材に至るまで気を配って万全を期すことが大切です。本番に強い人は準備に余念がありません。

No. 067

タイミングが悪ければすべて台無し

食後にマスタード

イギリス／フランス／ドイツ／デンマーク圏

食後に味付けのマスタードが出てももう遅い。転じて、どんなに効果的なものでも、手遅れでは役に立たないということ。たとえば、期限を過ぎた申請書類への記入、募集期間を過ぎた応募、誕生パーティー終了後に届けられたバースデーケーキなど。本来の目的が果たせないことにならないよう注意しましょう。

No. 068

途中いろいろあったけど、万事ＯＫ！

終わりよければすべてよし

イギリス

このことわざは、途中、さまざまなことがあったとしても、最後によい結果が出れば、それでよしとすることをいいます。つまり、その途中でのできごとは、その結果に至る過程のひとつに過ぎず、逆にそのことがあったからこそ、そのよい結果を出すことができたということです。何事も結果も大事です。

3章

本当の豊かさが見えてくる

衣食住の豊かさ、教養の豊かさ、経済的な豊かさを手にする方法が示されます。あっという間に過ぎ去る日常が、特別な一日一日になります。

「アマオブネガイの夜」ハワイ

No. 069

永遠に残したい大自然

アマオブネガイの夜

ハワイ

このことわざは、満天の星が降るような夜の美しさをたたえた言葉となっています。

アマオブネガイは、世界の熱帯から温帯にかけて生息する貝です。主な生息環境は海岸の潮間帯《ちょうかんたい》の岩礁上や汽水域《きすいいき》の砂泥上などです。未来永劫、この貝が安心して生息できる美しい自然環境が保たれることを願うばかりです。

No. 070

どうか、どうか、収穫がありますように……

風がヒサカキで眠る

パラオ

パンノキなどを収穫して生計を立てているパラオ共和国の人々は、毎年3月頃、夕方から翌朝にかけて風があると、その年の収穫量は減り、なければ収穫量は増えると信じられています。そのような風がない状態を、「風がヒサカキ(現地に多いツバキ科の灌木《かんぼく》)で眠る」といって歓迎します。

転じて、収穫を祈る言葉です。

No. 071

自分の国に誇りを持っていますか

まるでリオみたいだ

ブラジル

ブラジルの地方の人々は、リオデジャネイロに憧れや誇りを持っており、このことわざは何かにつけ引き合いに出して使われる褒め言葉です。リオはブラジルの独立（1822年）から1960年まで首都でしたが、現在はブラジリアに代わりました。しかし、リオは今でもブラジル文化を象徴する都市。リオのカーニバルが特に有名です。

No. 072

コーヒーの味が昔の記憶を呼び起こす

1杯のコーヒーに40年の思い出

トルコ

トルココーヒーはトルコの人々の生活習慣に根付いて飲まれてきました。それは、人々が長い間(「40年」は長い間という意味)飲み続けてきたと同時に、その時々にさまざまな思い出もつくられてきました。ときに、苦い経験や甘い日々、それらが味になったりするもの。トルコでは、どうやら、苦みが強く、濃いようです。

No. 073

言葉とことわざはどう違う?

庭に花
食物に香辛料
着物に宝石
空に星
言葉にことわざ

ユダヤ

言葉に、華やかさを飾り付けたり、刺激的な風味を加えたり、彩りを添えたり、深い意図を忍び込ませたりしてできたのが、ことわざであるということ。ことわざには、人の歴史と英知が含まれています。深い味わいがあるのがことわざの魅力です。

No. 074

言葉が流行りにのったときのパワー

ことわざがあればひとつの都市でも支配できる

スペイン

スペイン人の特徴のひとつは高い共感性といわれます。人生の知恵であることわざは、多くのスペイン人たちの共感を呼ぶもの。したがって、ことわざさえあれば、都市に住む多くの人々をも支配することができるということ。危険で恐ろしくもあることわざのパワーです。

No. 075

本当のことを言われると、いつも無視したくなる

真実の言葉は常に苦い

ロシア

このことわざは、本当のことは、いつも耳が痛いといっています。正論よりも、まずは励ましてほしいと思うのが本音。ただし、甘い言葉には中毒性があるのでご注意を。

真実の言葉は時に苦しくも、まずはブラックコーヒーのごとくゴクリと受け入れてみましょう。後々、受け入れてよかったと思える日が来るからです。

No. 076

好きな言葉が座右の銘に、
そして人生の信念に変わる

真実の言葉は
サトウキビに似て
しゃぶればしゃぶるほど
甘美な味わいが湧いてくる

マダガスカル

名言やことわざなどに含まれる真実の言葉は、味わえば味わうほど心に響くという意味。ことわざには真実への探求心が溢れています。人生に迷ったとき、対人関係で悩んだとき、仕事に行き詰まったときなどのために、これまでに自分の心に響いた名言やことわざを座右の銘として常に携行したいものです。

No. 077

正論を言う人の言葉は聞きたくない……

誠実な言葉は耳遠いが、物事に利く

モンゴル

良く効く薬は苦くて飲みにくいもの。それと同じで、相手を思う誠実な言葉は、聞いてもときには理解されないものですが、物事の解決に役立つものだということ。あなたを思う親友などからの言葉は、そのときは何を言っているか理解できないことがあっても、拒否や否定することなく心にしまって大事にしておきましょう。

No. 078

解決策を一番よく知っている人

あなた自身の井戸から
水を汲《く》み
あなた自身の泉から湧く
水を飲め

ユダヤ

とかく、人は何かと他人に頼りがちです。問題が起こって困ったとき、物事が不足したとき、悩みが深くて心細いときなど。実は、その解決策を握っているのは、あなた自身だったりします。それに一番気がついていないのもあなた自身だったりします。一度、深く自分の声に耳を傾けることをお勧めします。

No. 079

何で胸の内が伝わってしまう?

想っていることは口に出るもの

インドネシア

心にないことは言葉にならないように、心にあることは無意識に口から出るのです。これは注意が必要です。「あの人、苦手だな」「うまくやりたい」「避けたい」というのは、実は胸の内から漏れていたりするのです。気がつかないうちに、言葉の端々に出てしまうのでしょう。思うのはしょうがないかもしれません。ただ、伝わるので、ご注意を。

No. 080

なんでもYESと言うから、
便利屋扱いされてるかも……

「だめ」の一言七十の禍《わざわい》を遠ざける

インド

ときに、「だめ」とはっきり拒否することが大切であると諭しています。優しい人や義理のある関係では、なかなか言いにくいもの。しかし、安請け合いしたことで、仕事が中途半端になってしまう、相手にも迷惑をかける、自分のことでさえうまくいかない……など、起こりかねません。NOの一言、慣れてしまいましょう。

No. 081

控えめは、美徳ではない？

泣かない赤ん坊にはおっぱいなし

マルタ

昔から日本では、控えめや遠慮など、自己主張しないことが美徳とされてきました。しかし、海外では違います。国際社会においては、それらの態度は能力が低い人だと見られてしまうのです。もちろん、ただただ自己主張を激しくするのは考えものです。職場で浮いてしまいかねません。ほどよい自己主張がベターです。

No. 082

お金がなくてピンチ

軽い財布は心を重くする

英語圏

「軽い財布」とは、所持金が少ないこと。このことわざは、気が物の貧しさのみならず、気が滅入るという意味です。「経済的な成功など、私欲を捨てて行いを正しくするために、貧しく質素な生活を送る」という「清貧」も大事な考え方です。でも、困らない程度にはお金は持っておきたいものです。

No. 083

心配事が私だけ多過ぎる？

ロバは雨期に飢えて死ぬ

パキスタン

人間、生きている限り、心配事は尽きません。現実的な心配事がある一方で、非現実的な「つまらない心配」もあります。「老後、お金が足りなくなるのでは？」というのはつまらない心配。ロバが、雨期が長引くのではないかと思い悩む。これもつまらない心配でしょう。そんなことに悩むヒマがあったら、「今」に集中するのが賢明です。

No. 084

与えられた命を精いっぱい輝かせたい

旅して旅して家へ
生きて生きて土へ

エチオピア

旅の最終到達地はわが家です。旅先では、冒険や世界観の広がりがあったことでしょう。人生の旅も同じように、最後は土にかえるということです。どんなにお金持ちも、高名な人も、人は死んだらみな同じです。唯一平等なこと。ただし、生まれた瞬間から土にかえる日まで、与えられた命を精いっぱい輝かせたかどうか、それは違うようです。

No. 085

どんな災厄も、これさえあれば何とかなる！

種と命があればことは足りる

ネパール

人はいつ何時、命を脅かされるほどの災害に見舞われるか分かりません。万が一、そのような災害が起きたときに、このことわざは、種と命さえ守れれば何とかなるといっています。種というのは、現代風にいうと食料でしょうか。そして、悲観に落ち込まず「何とかなる」という気持ちも大切です。

No. 086

家にずっといたからか、
いろんな事がおっくうに感じる

動いている機械は錆《さ》びない

ネパール

活発な人は、はつらつとして輝いています。常に新たに人や情報に触れ、感性が磨かれていきます。動いていないと心も体も凝り固まっていくものです。機械の見える範囲は油をさすことで直りますが、内側には届かない。人間も同様、体は病院で治せても、精神の部分は届かない。動くことで、外も内も錆びないようにしたいものです。

No. 087

成果を手にすることを信じて続ける

時間と忍耐が桑の葉を絹に変える

ユーゴスラビア

困難なことであればあるほど、それにかかる時間と、気の遠くなるような忍耐が必要です。たとえば、働きながら難関試験に臨むときは、まさしく長い期間の忍耐が必要となるでしょう。しかし、困難なことでも時間と忍耐で変えられる、このことわざはこうも教えてくれます。

No. 088

反対ばかりされる私はダメな人？

多くの敵がいる人は偉大な人

イラン

世の中に波乱を起こす、その中核人物が英雄です。英雄は、常人にできないことを成し遂げる人のことをいいますが、そのような人だからこそ、敵を多くつくるものです。何かを成すには必ず敵、反対者が存在します。同時に、私たちも、出る杭は打たれるもの。闘うか、愚痴を言って終わるか、どちらかです。

No. 089

いい顔するあの人は、本性はまったく違うのに……

ネコをかぶる

日本

　このことわざは、「本来の性格を隠しておとなしそうに振る舞う」、または「知っていながら知らないふりをする」という意味です。良い意味の表現としては使われません。社会人なら、本音だけでは収拾がつかない。ときにネコをかぶることも必要だったりします。ネコをかぶる人の本性をどう見抜くか、その性格をどう生かすかが大切です。

No. 090

ガマン、ガマンが続いて爆発しそう

百姓は一年飲まず
二年飲まずで行くけれど
飲んだが最後
身上一切飲み尽くす

ロシア

ロシアの百姓は忍耐強いが、酒を飲んだら最後、人が変わったかのように大暴れ、酒も飲み尽くすということ。これは極端から極端に走りやすいロシア人の特性を表したたとえです。飲酒がきっかけとなって堪忍袋の緒《お》が切れたわけです。我々も他人事ではありません。忍耐が必要な仕事では時々ガス抜きが必要ですね。

No. 091

都合のいい話に簡単に引っかかる人

何事も軽々しく信じるは視野の狭き証拠なり

フランス

安易に信じ込んでしまう人は、視野が狭い、考えが浅い人だということ。たとえば、お金がなくて困っているときには、どうしても視野が狭くなり、簡単に信じ込んでしまうもの。詐欺に引っかかる人は、何で簡単なトリックを見破れなかったかと後悔するそうです。まずは信頼できる知人に相談するのも手です。

No. 092

体のリズムを整えよう

健全な精神は健全な身体に宿る

ギリシア

体が健康であれば、健全な精神、つまり物事への判断も前向きになります。逆に体が不調だと、精神状態までも悪くなりやすく、それが仕事や私生活に悪影響を及ぼします。疲労困憊《こんぱい》なのにいつも笑顔ではいられません。同時に、健康ならば笑顔は容易に出てくるものです。精神的に健全でありたいのなら、身体を健康にするのが近道です。

No. 093

憂いを忘れさせる特効薬

一《いっ》酔《すい》千《せん》愁《しゅう》を解く

中国

千愁とは、憂いを多く募らせていること。このことわざは、酒の酔いが、憂いをほぐすといいます。もちろん、憂いを解くために、解決する手段を探るのが一番大事でしょう。しかし、ときに、どうしようもないことがあるもの。そんな場合には、お酒の力を借りてもいいのではないでしょうか。酒に溺れない程度に。

No. 094

酒を飲みたいときに使う

酒とタールとサウナが効かなければ死んだも同然

フィンランド

フィンランド人の享楽について語ったもので、酒とタール（フィンランド人が愛する匂いの元）とサウナがなければ生きていても仕方がないといっています。いずれも心身を癒やす、生活には欠かせないもののようです。現在このことわざは、男性がもっぱら酒を飲みたいときに使われているようです。

No. 095

芸術は人生に必要？

芸術は人生のパンではないがワインではあろう

ドイツ

美術館に行って絵画を鑑賞するのが趣味という人は多いようです。絵画や彫刻、音楽などの芸術は、私たちがそれに触れることで心を耕したり、潤したりしてくれるものです。芸術は、人生の必需品ではないかもしれません。ただし、私たちの生活を豊かにしてくれるものである、そうこのことわざが教えてくれます。

No. 096

お国自慢の銘酒に酔う

カルカベロスのブドウ酒は老人を歌わせる

スペイン

良い酒は、普段、陽気になって歌を歌うことのない老人でさえも、陽気にさせてしまうものだということ。ちなみに、カルカベロスのブドウ酒とは、スペイン北西部ガリシア州が産地の高品質なワインのこと。良い酒は、そのひとときの楽しさを最大限に引き出してくれます。

No. 097

自身を喜ばせる方法をあなたはご存じですか？

身体にはワインを
魂には笑いを

フランス

幸福を招くには、明るく前向きな気持ちでいることが大切です。とはいえ、家事に追われ、仕事に追われ、勉強に追われ……。とかく、やるべきことが多いと、楽しくいられることは贅沢に思えます。生まじめな日本人はなおさら。フランスはどうでしょう。なるほど、ワインと笑い。あなたは、自身の身体と精神は何が喜ぶか、確かめていますか。

No. 098

正面切ってやらなきゃダメ?

逃げるのは恥だが役に立つ

ハンガリー

長い登山も終盤で西に厚い雲が漂うのが見えた。ここで下山を選択するけれど、実は勇気ある撤退。命の危険から逃れられたのです。責任感の強い人ほど、課題や問題に、真正面から立ち向かおうとしがち。とても大切なことでもありますが、それが良い結果をもたらすとは限りません。恥だと言われても、逃げることが得策ということもあります。

4章

お金より大切なことに気づく

お金で何でも解決できる、お金で人を動かせる、お金のために生きている、そんな考え方の人にお金との向き合い方を説きます。お金では買えない大切な生き方に気づけます。

「金は転がるために丸い」
デンマーク

2 KRONER
DANMARK

No. 099

お金とは？

金は転がるために丸い

デンマーク

自分がした仕事でお金を貰う。それを使って、今日の晩ご飯を買う。買ってもらった店員さんは、生活の糧になる……。そうやってお金は回っています。お金は「使う」ことも大事かもしれません。ある程度使うことで、お金が入ったところは暮らしができるからです。お金は、社会とのつながりのひとつ。大事に転がしてください。

No. 100

給料日、いつだったっけ？

金は旅人
今日着いたかと思うと
明日はいなくなる

マダガスカル

給料が出る25日が待ち遠しい。なぜなら、今月がピンチだから。給料が出たら、我慢していたあのお店に行ってマッサージしてもらおうかな。

――そうやってお金は明日にはなくなってしまいます。浪費癖のある人ほど、金の放浪は止まらないでしょう。これは、世界広しといえど、今も昔も変わらない真理かもしれません。

No. 101

人生は食べるために働く？

生きるために食え
されど食うために
生くるなかれ

西洋圏

生きていくためには食べること（お金を稼ぐこと）は大事なのはいうまでもありません。しかし、食べることが人生の最大の目的になってはいけません。お金を稼ぐことは、実は手段で、目的は豊かな暮らしにあるのではないでしょうか。

No. 102

使い過ぎにはご用心

お金がすべてではない
金を使うのが最高なのだ

アフリカ

お金は使ってこそ価値を発揮するものという意味。お金を稼いで金持ちになったり、お金を貯め込んでいたりしても、持って寝かせるだけでは何の意味もありません。そうはいっても、無理をして高級レストランで食事したり有名ブランドの服を買うなど、散財してはいけません。そのときはお金を使って「最高！」でも、後で困ってしまいます。

No. 103

お金に振り回されてばかり

金は、使っても使われるな

ユダヤ

お金は自分の目的のために使いなさい。しかし、お金に振り回されてはいけないということ。お金に振り回されるとは、目的がなく、お金が自分に入ってきた時点で使うといった、自分の主体性がなく、お金に主体性を持たせてしまうということです。お金に使われるような生活者にはならないようにと心がけを教えてくれることわざです。

No. 104

お金との付き合い方

金は賢者の僕《しもべ》、愚者の主人

デンマーク

　このことわざは、人生の目標や目的のために、お金を上手に使える人は、賢明であるといいます。その逆で、お金を得ることが目標や目的の人は愚かな人だといいます。お金は、目標と手段が入れ替わるだけで、幸せに生きる人もいれば、地獄に落ちる人もいます。お金との付き合いは気をつけましょう。

No. 105

手元のお金が減る先行投資に
なかなか踏み切れない

得をするためには損ができなければならない

スペイン

ことわざの意味は「儲けたいのであれば、一時の損はやむを得ない」ことを意味しています。たとえば、店を開店したら、まずは先行投資として無料サンプルを配って多くの人にお店と商品を知ってもらい、リピーターがついてやがて儲けとなります。商売がうまくいくまでは損ばかりかもしれませんが、流れにのれたら得ばかりになります。

No. 106

感謝する気持ちが、
最近だんだん薄れている気がする

モノの値打ちは
それがないときに
一番よくわかる

イギリス

物は、それがなくなったときにはじめて、そのありがたさを痛感すると、このことわざは表しています。たとえば、トイレットペーパー。コンビニでも売っていますが、非常時にはなくなったりします。あって当たり前だったものがない。何倍の値段が付いたとしても買ってしまうのではないでしょうか。物が滞りなくそこにあることにも感謝です。

No. 107

あの人ばかり人気で、
私はいつも独りなのが信じられない！

上質のワインは広告を必要としない

ドイツ

品質が良くおいしいワインは宣伝しなくても、口コミでたくさんのお客さんが買ってくれます。転じて、人もそうで、品格の優れた人は、口コミで評判が広がり、いつの間にか多くの人が、その人のそばに集まってくるようになるのです。ただし、悪評判も同様に広がりやすいのでご注意を。

No. 108

しくじりは、先生

損と恥が人を賢くする

オランダ

人は何事も経験が大事です。大学受験、滑り止めも含めてすべて不合格。長い浪人生活は苦い記憶で、こんな思いは二度とするまいと心に誓う。就職活動は事前に準備を進めていたため、晴れて希望の企業に就職。成功体験が自己肯定感を高めることもあれば、このような、しくじり体験もまた、人を強くします。

No. 109

信仰では、空腹は満たせない

お祈りは短く
ソーセージは長く

ドイツ

どの国も庶民は現金なものです。庶民の本音は信心よりも生活優先です。お腹がすいたからと神様にお祈りしたところで、食べ物は出てきません。そんな庶民からすれば、日課のお祈りはできるだけ短くすませたい。しかし、お腹の足しになるソーセージは長くて量のあるものがいいのです。

No. 110

勝つこと以上に大切なこと

生きてさえいれば
戦利品まではいらぬ

ロシア

戦に出たなら、生きて帰ってこられるかわからない。勝って戦利品を得るのが、最もいいのですが、生きて帰ってくるだけでいい。そんな想いが込められています。たとえば親や先生は子どもに受験などで合格するのが嬉しい。しかし、それよりも人として成長してほしいと思うものです。勝って得ること以上に大切なことがあると教えてくれます。

No. 111

もてなす物がないけれど、満足してほしい

チーズとパンだけ
しかし温かい心も

ロシア

このことわざは、もてなせるのはチーズとパンだけだけど、そこには温かい心を添えるということ。ここには、貧しくとも今、自分ができるもてなしをしたいという温かい気持ちが込められています。一方で貧しいもてなししかできないことを、お客様に詫びる気持ちも含まれています。どんなに質素なもてなしでも、その心意気は嬉しいものです。

No. 112

あれもやりたい、これもやりたい、もっとやりたい

多く抱え込む者は
しっかりとは持てない

コロンビア

夢だった世界一周のために英会話を勉強しつつ、副業でECサイト運営。最近できた彼女と将来のことを考えつつ、趣味の漫画にハマっている。あれ？　本業の仕事はうまくいっていない……。そんなふうに、たくさんのことに興味を抱くのは素敵なこと。ただし、キャパシティからはみ出てしっかり持てないようなら、手放す覚悟も大事です。

No. 113

舌は、剣よりも、ペンよりも強し？

舌は人を殺すこともあれば救うこともある

アシャンティ

コミュニケーションが重視されている昨今では、他人と話す内容や話し方を気をつけなければなりません。同僚の秘密を漏らす、悪口を言う、自分の自慢話ばかりを聞かせるというのは考えものです。自分が話す際は、好感の持てる話し方と内容を心掛けましょう。なぜなら、言葉の持つ魔力は、人を傷つけも、癒やしたりもするためです。

No. 114

成長とは？

馬鹿は同じ石で2回つまずく

ハンガリー

人生の中で、過ちをおかして大なり小なり、つまずきを経験するものです。過ぎたことは、どう受け止めるか、です。自覚や反省が足りないなら、また、同じことをするでしょう。二度としないと心に誓い、考えられる人は、つまずきのたびに成長できるのです。

No. 115

プラスになる機会にする

屋根に守られて
まどろみながら
降りしきる雨の音を聞く

ギリシア

当事者にとっては一大事でも、自分は関係ないし被害もないことを表しています。たとえば、会社で隣の部署の人がクレームで大わらわになっても、他部署の自分には関係ないでしょう。それで終わらせてはいけません。なぜなら、次は我が身に降りかかるかもしれません。学ぶ姿勢を取るのはいかがでしょうか。まどろむ暇はありませんよ。

No. 116

失敗したら終わりではない

指環を失くしても指はある

イギリス

失敗したら、それで終了ではありません。このことわざは、たとえ事業に失敗して財産をすべて失ったとしても、やり直せると説きます。その人にその仕事に関する技術やノウハウの蓄積があれば、何度でもやり直せるのです。むしろ失敗が糧となり、事業を再開した際には成功の原動力となるでしょう。

5章

恋と愛を謳歌する

愛と恋の違いは？　好きになるとどうなる？　恋を成就させるためには？　恋と愛に花を添える知恵を分けてくれます。恋焦がれている、夢中で何も手につかない、どうにか振り向いてほしい、そんな青春を謳歌している人にささやきます。

「あなたは、私のオレンジの片割れ」スペイン

No. 117

愛する人に言いたい

あなたは、私のオレンジの片割れ

スペイン

　このことわざは、生涯の伴侶、愛する人であることを意味し、愛する人に愛情を込めて言う言葉です。なぜ生涯愛する人をこう呼ぶのかは諸説ありますが、オレンジの形はさまざまで、2つに割ったあとでその片割れ以外に合わさる片割れはないのです。自分にぴったり合った人のことをこう呼びます。

No. 118

恋焦がれる気持ちをわかってほしい

磯のあわびの片思い

日本

こちらが恋しく、想っているのにもかかわらず、相手はまるで気持ちがわかっていないことをいいます。あわびの殻の形状が片割れに見えることから、「片思い」または「片恋」にたとえられました。ちなみに、あわびが片思い、片恋を表す言葉は、すでに平安時代から登場していました。

119

仕事よりも、趣味よりも、
人生を温めてくれるもの

太陽がなければ熱はなく
愛がなければ人生はない

リトアニア

これは、「愛は生きがいとなり、心も人生も温める」という意味のことわざです。ちなみに、リトアニアの人々は、結婚したら仕事よりも家庭を大切にする、家庭第一主義だと言われています。彼らが最も大切にしているのは「家族」だということです。そのような人々から出てきたことわざですから、説得力がありますね。

No. 120

ジメジメした梅雨が明けずに夏が来ない

恋のない一生は
夏のない一年

北欧圏

このことわざは、恋愛の経験がない人生は、最もアツく、刺激的な夏が来ない一年と同じで残念であるということ。

北欧は日本の北海道より北に位置し、夏を待ち焦がれる気持ちは、日本人より強いものがあります。そんな夏の来ない一年という言葉には、どんなに残念な気持ちが含まれていることか、想像に難くありません。

No. 121

恋のタイミングとは？

スープと恋は熱いうち

スペイン

情熱の国スペインのことわざで説得力があります。

スープは出来立ての熱いうちが最もおいしいと感じるものです。それと同じように、恋も熱いうちが最も幸せかもしれません。その一方で、冷めることもあります。恋の成就は、どうぞお熱いうちに。ただし、やけどにはご注意を。

No. 122

今は仕事優先で、彼女はあと回し……

土が熱いうちに田を植え心が熱いうちに女を愛せよ

カンボジア

何事にもベストなタイミングがあるもので、田植えにしても、恋愛にしても、タイミングを外すと実らない。だから恋をするなら、心がホットなうちにしなさいということ。また、土に栄養たっぷりの肥料があると収穫も増え、品質のよいお米が獲れます。恋愛も同様に健全な精神で恋人と接して下さい。間違えても乱雑に扱ってはなりません。

No. 123

「愛しています」の言い換え

あなたのレバーをいただきます

ペルシャ

このことわざは、初めて知る人はゾッとすると思いますが、実は「心から愛しています」や「何でもします。あなたのためなら」という意味を表しています。使われ方としては、親密な関係にある人との間、たとえば、家族やごく親しい友人、恋人や夫婦の間などで、深い愛情から発せられます。

No. 124

恋愛に年齢はあるのか

老いらくの恋

日本

年老いてからの恋愛を意味しています。語源となったのは、昭和23（1948）年、68歳の歌人、川田順が弟子と恋愛（不倫）し、その後、自責の念から自殺未遂をする際に詠んだ句「墓場に近き老いらくの、恋は怖るる何ものもなし」から生まれました。不倫は考えものですが、年齢に関係なくいつまでも恋愛したいものですね。

No. 125

恋愛は脳から？　心から？

愛は行為であり理屈ではない

スペイン

人は恋をすると「ドーパミンとノルアドレナリンの分泌レベルが上がり、セロトニンは反対に下がるため……」などと、脳科学を説明すると、どうしても味気ない。「あなたが好きなのに理屈などない」「理由はないけど会いたくなった」などと、頭でっかちではなく、ときに感覚で生きるのもいいですね。

No. 126

恋する目は何を見る？

美醜《びしゅう》はどうでもよく
好きになれば
死ぬほど惚《ほ》れる

台湾

好きになった人のことを思い出してみると、きっかけは、さわやかな容姿だったり、明るい性格だったりするかもしれません。ただ、関係が深まると、容姿よりものの感じ方の相性、一緒にいると楽しい人ではないでしょうか。そうなると、もはや相手の欠点でさえ愛おしく映るものです。

No. 127

あの人を想えば、想われる

愛された者は愛し始める

モンゴル

こちらが好意を持った人は、逆に相手から好意を持たれるという意味のことわざですが、このことは恋愛に限りません。たとえば、親が子どもを想い、その将来のために一生懸命、勉強の面倒をみてあげていると、自ら進んで勉強や親の手伝いをするようになるのも、想えば想われることの一例です。

No. 128

一緒にいられれば、それだけでいい

君といられるなら
パンとたまねぎだけでも

スペイン

このことわざは、「恋する人といられるのなら、たとえ質素な食事しかできなくても幸せになるもの」ということをいっています。これは恋する人に夢中になっているときの正直な心境でしょう。どんなに貧しい生活であっても、やはり恋する人は心の支えであり、人生を幸せにしてくれる存在なのです。

No. 129

愛する人とのこれからが不安

愛はバターと同じ
パンがあってうまくいく

ユダヤ

バターはおいしいものですが、それ単体で食べることはなかなかありません。パンなどにつけてこそおいしく味わえます。同様に、たとえ深く愛し合っている2人でも、お互い愛情だけではうまくいきません。生活の糧があってこそ2人の関係はうまくいくのです。愛する人との親密な関係維持にはそれなりの基盤が大事ということです。

No. 130

恋愛が成就するのは、近づいた人とそれに答えた人がいるから

とうがんのつるが這《は》うとかぼちゃが応じて近づく

カンボジア

隣り合うとうがんとかぼちゃのつるは絡み合うことがありますが、どちらが先かわかりません。恋愛も同じで、どちらが先に恋をしたかなんて野暮な話。深い関係になるのは、お互いの気持ちがあってのことです。また、絡んだらお互いのつるを這って生長します。人の恋も同様にお互いをもっと知るようになり、近い存在になっていくのです。

No. 131

覚悟がない愛はつまらない

愛は蜜と苦みに満ちている

セルビア

恋が成就して育まれる愛は、蜜のように甘いもの。一方で、嫉妬心や不安の種も同時に育まれます。まして、縁が切れたり、相手の不幸に遭遇したりすれば悲しみと失望感に悩まされることもあるでしょう。人の恋は甘みと苦みが表裏一体。それでも人は恋に落ちるようです。

No. 132

ケンカしてても仲が良い

怒りは愛をつのらせる

イタリア

愛とはお互いがケンカをしたあとにこそ、さらに愛が深まるということ。人間、生まれも育ちも違うのなら、考え方も違います。2人が近い関係になるならケンカもあるものです。逆に無関心ではケンカすら起こりません。ケンカは、マンネリ化してきたお互いの気持ちを刺激し、より強く結びつこうとする気持ちを高めてくれます。

No. 133

恋を「する」「される」の違い

恋では逃げるが勝ち

ブラジル

逃げる立場よりも追いかける立場のほうが優勢であることが多いのですが、恋は逆です。恋には〝駆け引き〟があり、押すか引くかのバランスが大事です。たとえば、LINEの既読がつくのが遅く、返信がこないことに相手をややもやとさせつつ、夢中にさせるのも戦略のうち。どうやら、追いかけられている間は、恋は逃げるほうが勝ちのようです。

No. 134

高飛車だけれど、嫌いになれない

もし私と結婚したいなら
水を燃やして
その灰を持ってきて

マレーシア

水は燃やしたら灰にはならず、蒸発してしまいます。そんな不可能をわざというこのことわざは、結婚相手が気位の高さを誇示していることを表しています。まるで、『竹取物語』のようです。ただでは届かない高嶺《たかね》の花に、手を伸ばしたくなる気持ちをくすぐります。不可能ではないことを祈るばかりですが。

No. 135

失恋を引きずってしまう

綿が糸になり
糸が布になったように
後悔してもダメ
あなたの愛する人は
すでに別の人

マレーシア

素材は変わらないけれど、姿かたちは変わってしまう。それは、人間の心も同じで、失恋後の相手は、もうあなたの知る人ではなくなったと、このことわざが示しています。また、恋愛が終焉してしまえば、あとは忘れてしまうほうがいいよと諭しています。

No. 136

会えない時間が二人の愛を深くする

久しき別れは新婚に勝る

中国

久しく離れて暮らした夫婦がまた一緒に暮らすようになると、新婚のときよりもさらに愛情が深まるということ。

お互いどんなに愛して一緒になったとしても、そのうち慣れて、お互いが空気のような存在になりがちです。しかし、離れての暮らしは、お互いの想いが強まる分、格別な味わいがあるのでしょう。

No. 137

別れた人と再び縁を戻したい

昔の恋と燃えさしはすぐ燃え上がる

イギリス

別れた人に未練を感じているのなら、再会を演出してみるのもひとつの手。なぜなら、一度愛し合ったもの同士なら、相性の合う人同士。縁が途切れたあとでも、また何かのきっかけで関係が元に戻りやすいからです。ただし、思わぬ再会に不倫関係に陥るキケンがあることもこのことわざが教えてくれます。

No. 138

忘れてはならない宝物

あなたのほほえみは
私に世界中の幸せをくれる

東アフリカ

愛する人への「愛」のメッセージ。あなたのほほえみは私にとって、この世の中のすべての幸せと同じくらいに感じられるほど幸せだという意味です。長く一緒にいると、どうしても日常の生活に埋没してしまいがちなのが夫婦愛です。そのような夫婦愛を再び感じさせてくれる愛情豊かなことわざです。

6章 家族・友人の絆を結び直す

口うるさい親、心配ばかりかける子ども、いらつかせる友人との関係を見つめ直すきっかけをくれます。自分の命より大事な存在を考えさせられます。

「人間の薬は人間である」セネガル

No. 139

親友は悩みと不安に効く常備薬

人間の薬は人間である

セネガル

ことわざの意味は、人間が抱えるあらゆる悩みや問題は、結局、人間同士でしか解決できない。したがって、悩みや問題が起きたときには、その人たちからアドバイスがもらえるように、他人と良い関係づくりを日頃からしておこうということ。多くの親友を持っていられれば、人生の不安が解消するかもしれません。

No. 140

がんばるあの人に唯一できること

病人の代わりに薬を飲む

ラオス

物事には当の本人に代わったりできないことがあります。一日中、机にかじりついてする受験勉強、資格試験や苦しそうな病との闘い。周りができることといえば、代わりに勉強することでも、薬を飲むことでもありません。ただただ、そっと見守り、温かい食事と優しい言葉をかけるだけ。

No. 141

部下をときに重荷に感じる……

早く行きたいなら
一人で歩いてください
遠くまで行きたいなら
他の者とともに歩いてください

アフリカ

「自分が想像できる範囲の目標」に早く着きたいのであれば、一人で歩いて行けばいい。歩調も自分次第で、自分の想像通りの達成感を得られることでしょう。しかし、「自分が想像もしない遠い目標」の場合は、仲間と一緒に行きましょう。励まし合いながら、経験したことのない目的地にたどり着けることでしょう。

No. 142

足し算よりも大きい力を生む団結力

1は1、2は11

インド

1人では1人分の力だが2人が力を合わせると数倍の力を発揮する。このことわざは、団結することが大きな力となることを意味しています。ちなみに、ローマ数字のⅡは英数字の11にも見え、漢数字の二も一と一が並んでいるようにも見えます。何らかの目的に向かって団結すれば、きっと世界をも動かす力になることでしょう。

No. 143

お互いがカバーし合う

4つの目は2つの目より多く見る

ドイツ

一人よりも二人で見れば、その分、多角的に物事を捉えられるという意味です。たとえば、商品の解説文章の内容や、売り上げデータの確認など、一人でするより、二人でするほうが、思いがけないアイデアが生まれたり、うっかりミスが減ったりなど、より精度が高くなります。協力し合うメリットをこのことわざが端的に表現しています。

No. 144

誰か手を貸してください

片手では片手しか洗えず
両手なら顔が洗える

トルコ

ひとつの手（片手）では何かと不便ですが、両手が使えると便利です。それと同じように、一人ではできることや力には何かと限界がありますが、自分以外の人に協力をしてもらえると、一人では困難なことも簡単に事を成し遂げられるようになります。何事も協力し合うことで大きな力が出せると、このことわざが教えてくれます。

No. 145

なぜ、毎日がつまらない？

飲食の楽しみは1時間
睡眠は1日、女とは1月
だが家の楽しみは一生続く

アラブ

幸福な時間とは何でしょうか。このことわざは、それを問い直しています。家庭を持つのは、わずらわしいと思うことが多々あります。ときに親は口うるさく、夫（嫁）とはケンカが起こり、子は心配の種に。しかし、同時に、親は温かく優しい、夫（嫁）は思いやりにあふれ、子の成長は生きがいになります。家の楽しみは一生のものです。

No. 146

幸福な場所とは？

わが家は
生まれたところではなく
自分にとって幸せなところだ

カヌリ族

会社に勤めている人は、会社から転勤を命じられ、住む場所を変えなくてはならないことがあるものです。新しく住み始めた場所に最初から満足だと思う人は少ないかもしれません。しかし、慣れてくると居心地がよく、幸せを感じられるようになるものです。どんな場所に住んでも、幸せはついてくるものですね。

No. 147

何が一番の恩恵か
慈《いつく》しめ
風より水を愛すべし
風景よりも己の家を愛《め》でるべし
夜空の月より太陽を

タイ

のどの渇きはそよ風では癒やせない。風景は雨や寒さをしのげない。月の光では洗濯物は乾かせない、ということ。風流を愛することは良いことだが、その前に大事なことがあると、このことわざは語ります。当たり前と思っている「恩恵」に感謝しようという思いが込められています。

No. 148

誰に影響されている？

ブドウはお互いを見ながら熟す

トルコ

このことわざは、人は近くにいる人たちの影響を受けて成長していくという意味があります。普段よく付き合う人たちが良い人であるか、良くない人であるか、どんな人たちとの交わりがあるかが大切です。良くも悪くも、私たちはものの見方や思考パターン、判断基準まで、一番近くにいる人の影響を受けてしまうのです。

No. 149

大切なものを守る秘訣

美味しいものは明日に残すな
美しい妻は後ろを歩かせるな

カンボジア

　ことわざの意味は、おいしいものを明日までとっておこうとすると、腐ったり誰かに食べられたりすることがある。それと同じで、美しい妻は自分の目が届かないと誰かに奪われる危険性があるということ。大切なものは、自らしっかりと管理しないと、思わぬことに遭ってしまうので注意したいものです。

No. 150

男性、女性の褒め言葉

男は雲で女は虹だ

ロマ族

男性は勇猛で女性は美しいということ。これは「雨のち晴れ」を意味する言葉でもあります。そしてロマ語で「虹」のことを「神の輪」といいます。雨が降った後は美しい虹が出るように、勇猛果敢に戦う男性には美しい女性が付くということ。人生も同じで、積極的な姿勢には結果が付いてくるものがあるのです。

No. 151

男女の望ましい姿

慎ましい女は都市に値し
慎ましい男は
子ヤギにしかすぎない

クルド

このことわざは、女性はおしとやかさと貞節さを保つことが一番。一方で、男性はおとなしいと子ヤギのように弱々しく見える。男性はときに荒々しい勇敢さを持つことが大切だといっています。これは、クルドに生きる男性と女性の望ましい姿を教えるものので、クルドの歴史の中で人々の心に根付いた価値観だといえます。

No. 152

のんきですが、何か？

女は嘆いてはドーナツを食べる

ユダヤ

女子会でよく話される内容は、独身であれば、「恋愛」や「結婚」、また、関心が高い「美容」や「ダイエット」なども。ときには人生相談の場となり泣き出す人もいるようです。しかし、そんなときでも女性はしっかりと食べ物を口に運びます。どんなに怒っても嘆いても食欲は別。寿命が長いヒケツです。

No. 153

妻にとっての最高の喜びとは

英雄の光、それは彼の妻だ

ロシア

たった一人で英雄になれるわけではありません。英雄には、その人を支える人が必ずいるものです。もしその人に妻や恋人がいれば、きっとその人が大きな支えとなっていることでしょう。特に身内となる妻が支えれば、内助の功です。そんな内助の功が認められる瞬間は妻にとって最高の喜びとなるでしょう。

No. 154

夫の嘆きは、妻の嘆き

乙女のときはバラ
妻になるとイバラ

ロマ族

結婚した男性が嘆くことのひとつです。出会った当初は、バラように美しい。自分の心を射止めた女性が、その後、妻となったとたんにトゲトゲしく変貌していく様子を語っています。しかし、一方で妻をイバラに変貌させるかどうかは夫次第でもあります。夫は嘆いていないで、妻が元のバラでいられるように努力を惜しまずにいましょう。

No. 155

料理に込められた想いとは

一《ひと》椀《わん》の魅力

タイ

妻のおいしい手料理は夫の愛情をつなぎ止めておくうえで欠かすことができないものだと伝えています。男性と女性、どちらが作るにせよ、相手の健康を気遣い、よりおいしいと感じてもらえるように作った手料理は二人の絆を強くします。その気持ちは一椀に宿ります。感謝の気持ちを素直に、「いただきます」と伝えたいものです。

No. 156

夫婦のあるべき最後の形

妻と夫を分かつのはツルハシとシャベルだけ

クルド

夫婦という二人の関係は深く結ばれており、本当に別れるときは亡くなって墓に入るとき。このことわざは、夫婦の契りがいかに固いかを表しています。世の中で夫婦になるいきさつはさまざまですが、固い契りで結ばれた夫婦は、仲睦まじく最後の時まで一緒にいる。そんな関係でありたいものです。

No. 157

何が起こるかわからず、不安で前に進めない

子を育てることを覚えてから嫁に行く女がいるか

朝鮮

何事も、やる前から「わからないからできない」「準備がまだだからできない」などとさまざまに思い悩んでも始まりません。もちろん、準備も大事です。このことわざは、事前の知識や準備が足りていなくても、実際にやりながら気づいたり、学んだりすることができることを意味しています。思い切りもときに大事です。

No. 158

親はこんな気持ちで私を育てていたのか……

両手でわが子を抱いて初めて知る親心

台湾

親は、細かいことをガミガミと言うものです。「箸の持ち方がなってない」「帰ったら手を洗いなさい」などと。対して子どもは、何かと心配させられるものです。「大人になったとき、マナーで人に笑われないか」「健康に気を使っているか」などと。親の気持ちがわかってからでも遅くはありません。感謝の意を伝えてあげてください。

No. 159

成長して気がつくこと

膝に乗せ、乳を飲ませ
飯を食べさせて育てた子に
蹴られる

ネパール

「ありがたみ」を感じられるのは、能力のひとつかもしれません。先輩社員が自分の仕事を犠牲にして、困っていた後輩を手伝ったところ、後輩が周囲に「一人でやったほうがよかった」と言っていたとわかると、ため息が出てしまいます。後輩が成長して先輩の立場になったときに初めて、〝蹴った〟ことを悔いるのでしょう。

No. 160

親の愛情の価値

母の膝は、他人の10万ルピーに等しい

ネパール

子どもの心と体の成長に欠かせないのは、親からの愛情です。親の愛情はお金に換算することができないほど、莫大な価値があると、このことわざはいいます。どうぞ、将来、わが子が有名になってほしい、お金に困らないでほしいと思うのなら勉強をさせる前に愛情を表現してあげてください。

No. 161

あの人と、心の距離を感じる

秋風が立つ

日本

このことわざは、異性間で片方が相手に関心を失うか、嫌になって素気ない態度をとるようになることをいいます。これは、「秋」を「飽き」にかけた意味になっています。

こうした言葉の使われ方は、平安時代前期の最初の勅撰和歌集である『古今和歌集』の中で小野小町が詠んだ歌にその例が見て取れます。

No. 162

その人の人間性がわかるとき

苦しいとき
友の情がわかる
困窮《こんきゅう》したとき
恋人の性格がわかる

モンゴル

人は、楽しく豊かな良い状況にあるときは友達や恋人に困らないもの。しかし、何か不遇の事態に陥ったとき、その友達や恋人は2つの反応に分かれます。「関わらないように避ける」か、もしくは「大丈夫かと助ける」か。そのとき初めてその人の人間性を知ることになるのです。

No. 163

気をつけるべき人

友は君を泣かす人
敵は君を笑わせる人

イラン

真の友人は、友のために厳しい忠告をしてくれる人のことで、調子のよいことばかり言う人は敵だといいます。真の友人は「しっかりしなよ」「ダメだ」と厳さを持つとともに、何かあれば寄り添ってくれるものです。逆に敵は「大丈夫」「心配しなくていい」と気を緩くさせようとします。厳しい忠告でも、友は絶対に離してはなりません。

No. 164

今の友達を大事に

笑う友達は見つけやすいが泣いてくれる友達は得がたい

インドネシア

表面だけで付き合う友達は見つけやすいが、内面から支え合える友達は得がたいもの。そして、困ったときに力を貸してくれる友が真の友ということ。社会人になると、どうしても利害関係の付き合いになり、真の友達を探すのは難しい。今の友達を大事にしつつ真の友達になるようにお互いの関係を育てていくのもひとつの手です。

No. 165

物事のありがたさに気づく機会

日照りになると
泉の良さがわかる
不幸になると
友達の良さがわかる

モンゴル

このことわざは、失うものがあって初めて日常のありがたさが身にしみてわかるということ。不幸になると、誰かに寄り添ってほしいものですが、そのときに駆けつけてくれる、話を聞いてくれるのは友達です。どうぞ、大事にしてください。

No. 166

友とは話しても尽きることがない?

酒は知己《ちき》に逢えば千杯といえども少なく話は機に投ぜざれば半句といえども多し

中国

知己とは、意気投合する人のこと。そんな友人と酒を飲めば千杯でも足りず、タイミングが悪いときの話は、少し話しただけでも長く感じるものだということ。特に前半の部分を「人生に知己を得たと感じたなら大いに飲もう」と解釈され、宴会の挨拶としてもよく登場することわざです。ただし、深酒は禁物。飲酒はほどほどに。

No. 167

パニュルジュに羊

考えもなしに「常識」に従ってはいけない

フランス

これは、他人の考えに素直に従うことはおろかなことであるという意味です。これは、フランスの作家・フランソワ・ラブレーが書いた作品の中に登場する物語の一節から取られた言葉です。パニュルジュという人物が羊を川に投げ込んだら、それを見た羊が次々に川に飛び込んだことから、考えもなく同調してはいけないということです。

No. 168

やかましいな！

私にむかって
やかんをたたかないで

ユダヤ

このことわざは、「口やかましく言うのはもうやめてくれ！」という意味です。やかんはたたいたりしたらもちろん、実際にお湯を沸かすときにもカタカタとかん高い、やかましい音が出ます。そのような様子がことわざになったものです。「うるさい！」を言い換えてこのことわざを使ってみると、静かになるかもしれません。

No. 169

なんで自分の欠点に気がつけないいんだろう

自分のいびきは聞こえないが
隣人のいびきはよく聞こえる

スペイン

自分の欠点には気づかないが、他人の欠点はよく気づくことを表したことわざです。自分を棚に上げて他人を注意したら、「あなたも気をつけろ」などと言い返されてしまうことってありがちです。他人のことをとやかく注意する前に、まずは自分はどうかを客観的に見られるように心がけたいものです。

No. 170

人は使い方次第

馬鹿とはさみは使いよう

日本

切れないはさみも使い方次第で切れるように、馬鹿も使い方次第で役に立つようになるということ。人にはさまざまな特性があるものです。たとえば、仕事において本来の業務では適性が乏しくても、皆がやりたがらない雑用的な仕事をうまくこなせる人がいたりします。人は適材適所で、足手まといにも、天才にもなるのです。

No. 171

自分に責任はないか

カニがカニの子に言った「なんて歩き方をするの」

イタリア

このことわざは、自分が原因でできた相手の欠点を非難することをいいます。たとえば、自分が準備すべきことを怠ってその人の仕事が遅れたにもかかわらず、その人に対して「遅いよ！」と言ってしまうことなど。他人を怒ったり非難したりする前に、自分に責任はなかったかを反省するように促した教えです。

No. 172

自分では気づけないこと

エビは背中が曲がっていることを知らない

マレーシア

人は自分に欠点があることに気がつかないということ。他人の欠点はよく気づきますが、こと自分というとそうはいかないものです。わざわざ欠点を指摘してくれる人がいれば、その人は自分の成長を促してくれる人です。上司でも、部下でも、同僚でも、「背中が曲がっているよ」などと、欠点を指摘されたら感謝をし、素直に応じたいものです。

7章

人間関係に深く切り込む

わずらわしい部下、いつも不機嫌なあの人、仲良かったはずの友人などと複雑に絡み合った人間関係をほぐし直します。気持ちの伝え方、言葉の受け取り方、心の裏側の見破り方など、その本質に迫ります。

「トゲに刺されることなくしてバラを摘んだ者はいない」ジョージア

No. 173

話しかけるのが怖いワケ

トゲに刺されることなくして
バラを摘《つ》んだ者はいない

グルジア

あの人に話しかけようか、話がつまらないと吐き捨てられるかも、興味ない顔をされるかも——。想像しては心に深い傷を負いそうで怖いものです。しかし、あえて危険に挑まなければ、望んだ結果が得られない。また、挑戦には危険が伴うことを知らないと痛い目に遭うことも。トゲを恐れて諦めますか？　それとも、覚悟を持ちますか？

No. 174

パートナーは必要？

喜びは分かち合うことによって倍になり
悲しみは分かち合うことによって半分になる

スウェーデン

人といるから、いざこざが起こり、悩みが増えたりする。だから、独りのほうが気楽でいい。そう思う人がいます。すると、嬉しいことがあったとき、独りでは自己満足で終わります。ですが、喜んでくれる人がいることで喜びが倍増します。悲しみも、独りで抱え込んでしまうと悩みの渦に陥りがち。人と共有することで気持ちが安らぎます。

No. 175

なれ合いでは、いい仕事ができない

和して同ぜず

中国

ことわざの意味は、人と強調しても、媚《こ》びたり、流されたりしてはならないということ。これは「君子は和して同ぜず、小人は同じて和せず」の言葉の一部を抜き出したものです。君子とは、知識や教養を備えた賢人をいいます。協調性に富み、かつ自らの考えや意見をもつ賢人になりたいものです。

No. 176

過ぎた謙遜は不愉快

求めてもいない謙《けん》遜《そん》は苦いスープと同じ

アイルランド

見え透いた謙遜は今も昔も嫌がられるものです。たとえば、いずれ社長へ上り詰めるエリートコースと社内で知られているポストがあるとします。そこに抜擢された人が「ご栄転おめでとうございます」と言われたときに「いえいえ、島流しですよ」と返事をするケース。つい出てしまう、そのしたり顔がいけません。

No. 177

人と人が共に暮らすために

愛すること、忘れること
そして許すことは
人生の3つの試練

スウェーデン

人は一人では生きてはいけないもの。それにもかかわらず、人の脳は、他人からの愛情を忘れやすく、された嫌なことは記憶にとどめてしまうようにできています。ですから、人と人とが理想的な社会を営むためには、この3つの試練が潤滑油になるのです。この試練を乗り越えた先に、新たな人生が待っていることでしょう。

世界のどこでも役立つ魔法の言葉

「どうぞ」「ありがとう」で世界を回ることができる

南アフリカ

世渡りに大事なことは、「謙虚さ」と「感謝の心」です。嫌がられるのは、損得勘定と、不敬の態度です。謙虚さと感謝の心を表すことができれば、どこに行っても人に受け入れられ、助けてもらえることでしょう。世界共通の心です。もちろん、世界を回らなくても2つの精神は持っておきましょう。

No. 179

私には欠点ばかり……

人間の長所は欠点があるということである

ユダヤ

皮肉な言い回しのことわざです。私には、身長が足りない、計算ができない、人の気持ちがわからない……。そんなふうに、誰しもが自分に欠点を感じるものです。だからこそ、人と人とが手を取り合い、認め合い、欠点を補うことができるのです。「欠けた点」ではなく、「特徴」と言い換えるようにしましょう。

No. 180

自分にしかできない役割がある？

5本の指には長短がある

ベトナム

5本の指の長さは同じではありません。それと同じように、人には、それぞれ長所もあれば短所もあり、みなそれぞれが違った個性で生きているのです。指一本なら物をつかむことができないように、一人ではできることが限られます。ならば、長短を活かして人と協力してみるのはいかがでしょうか。

No. 181

私だけ、優しくされない

かける言葉が美しくてこそ
返る言葉も美しい

朝鮮

こちらから好意的な言葉をかけると、相手からも好意的な言葉が返ってくるという意味のことわざです。例えば、「今日もありがとう」「いつもがんばっているね。おつかれさま」「おかげでうまくいきました」などの言葉をかける人に、どのように返事をしますか？　乱暴な言葉ではなく、美しい言葉を返したくなりますよね。

No. 182

イライラがおさまらない

優しい答えは怒りを砕《くだ》く

ドイツ

「大変な目に遭ったんだよ!」と怒りも冷めぬ様子。どうやら、上司の仕事を手伝っていたのに本人は先に帰宅、翌日は仕事量を増やされ、成果は上司のもの。そんな人に「お疲れさまです。大変でしたね。でも、あなたががんばっているのをみんな見ていますよ」と一言。優しく、柔らかい言葉で包まれると、固く閉ざした心の扉が開かれます。

No. 183

日頃から言葉遣いには気をつけたい

人は言葉
象は牙

カンボジア

象は牙の品質の良し悪しで評価されるが、人の品格はその話す言葉遣いによって評価されるということ。言葉遣いは、その人に礼儀があるかどうかはもとより、教養の程度や育ちさえ見抜かれてしまうものです。言葉遣いひとつで信用を落とさないように日頃から気をつけなさいという教えです。

No. 184

「おいしい言葉」に騙されないで

ハエは甘い蜜がひきつけ
人は良き言葉がひきつける

ロシア

ハエが甘い蜜にひきつけられて寄っていくのと同じように、人も甘い言葉や優しい言葉をかけられるとつい引き寄せられるものです。そうした人の性質を逆手にとって、言葉巧みに人を騙すといった詐欺犯罪も世の中には蔓延していいます。つい気を許してしまう巧みな言葉には大いに気をつけましょう。

No. 185

言葉の取り扱いには要注意

悪い傷は癒《い》えるが
悪い言葉は癒やされぬ

アフガニスタン

言葉ほど心を深く傷つけるものはありません。ケンカしたときの言葉や、何気ない一言の場合もあります。言葉で傷つけられるのは、気にしていることを不意に突かれたときが多いようです。体の傷は癒えても、言葉はグサッと心に突き刺さったまま、癒えません。言葉の取り扱いは注意し過ぎるくらいでちょうどいいのです。

No. 186

一度の嘘でも取り返しがつかない

嘘を言って
本当のことを
言ってみなさい
それは嘘になる

シュメール人

イソップ物語に登場する「おおかみ少年」の寓話から作られたもの。嘘を言ったら嘘つきの烙印が押され、何を言っても嘘になるという。言葉が響くかどうか、それは信用が握っています。信用は、なくなったら、なかなか取り戻せません。信用を失うことだけはしないようにしましょう。

No. 187

その話、脱線していない?

さて、羊に戻るとしようか

フランス

このことわざは「本題に戻ろう」という意味で、話す内容が本題から脱線したときに、それに気づいて言います。起源は15世紀のフランス喜劇『パトラン氏の冗談』の中の一節で、裁判中に、羊を盗られたある人物の錯乱した言動に対して裁判官が「羊に戻りなさい!」と言うくだりから、このことわざになりました。

No. 188

そういえば、実家に連絡してないな

便りがないのはよい便り

フランス

親は、実家から離れても子どもが心配なもの。あまりにも知らせがないと、心の中は不安でいっぱいになることでしょう。そのようなときに、心のよりどころとなることわざです。悪い知らせがないから、きっと何事もなく無事に過ごしているに違いない、と。親とはそういうもの。とはいえ、親にはどうぞ便りを送ってください。

No. 189

中身のない発言ほど、うるさく聞こえる

空の壺ほどうるさい音を出す

フィジー

とかく哲学や知識、経験などが乏しい人ほど、できそうにもないことや威勢のいいこと、不満ばかりを口にするものです。SNSなどには、それが見て取れます。「政治が……」「会社が……」などと。そういう声ほど、カンカンと耳に響くかん高い音が出る。このことわざを言われないよう、しっかり中身のある発言を心がけましょう。

No. 190

おべっかは、見破られる?

ワニに挨拶するように
しないでおくれ
それは愛からではなく
恐れからそうしているのに
過ぎないのだから

マダガスカル

背筋を正してにこやかな挨拶。ムリに作ったおべっかは見破られるもの。たとえば、社長や立場が上の人に挨拶をするとき、権力がある人物だと思って恐れながら挨拶をしてはいけません。真心を込めて挨拶されることを望んでいます。人には敬意をもつ、それ以上は相手にとって不快だと、このことわざは教えてくれます。

No. 191

いい人だと思っていたのに

口に蜜あり腹に剣あり

中国

耳に心地良い言葉や誠実そうな身なりは、〝つくれるもの〟で、必ずしもその人が誠実で優しい人とは限りません。騙された人の多くが「いい人だったから、詐欺だとは思わなかった」と言います。理由なく接してくる人がいたら、すぐに心を許さずにしばらく様子を見る。今も昔も、どの世界も、そうした慎重な姿勢が自らを救う手なのです。

No. 192

つじつま合わせで嘘をつき続けてしまう

嘘はさくらんぼ 1つ食べると 10個食べることになる

イタリア

さくらんぼはおいしいから、1個食べると次々に食べたくなります。嘘もそれと同じで、一度嘘をつくと、そのつじつま合わせのために次から次へと嘘が重なる。ちなみに、さくらんぼの花言葉は「あなたに真実の心を捧げる」です。嘘に嘘を重ねる人生ではなく、誠意を持ちなさいという教えです。

No. 193

心は、美しい部分の割合を多く持ちたい

最も美しいのは心であり
最も醜《みにく》いのも心である

中国

最も美しいものも醜いものも心だといいます。美しい心と醜い心、どちらか一方の心の持ち主ならともかく、多くの人の心には美醜が同居しているものです。人生の中でどちらの心の割合が多いかが美しい人生か醜い人生かの分かれ目といえそうです。人として、できれば美しい心の割合を多く持ちたいものです。

No. 194

会わない人との関係は続かない？

行き来あって愛もあり
行き来なくなり君は誰？

ネパール

どんなに親しかった人でも、会わない期間が長くなってしまうと記憶が薄らいでいくものです。人間ですから、しょうがない。久しぶりに会えたと思ったら「誰だっけ？」と言われてがっかりした経験がある人もいるかもしれません。

でも、話を続けるとだんだんと記憶が鮮明によみがえり、あのころに戻れるのも、また人間です。

No. 195

どこからが友達？

友の多い者に友はいない

古代ギリシア

よく思われようと、愛想を振りまいて心にもないお世辞を言うけれど、決して他人に自分の本音を語らない……。そんな人は、多くの知人はできますが、本音で語り合える友人（親友）はできにくいものです。親友は、ときに心のよりどころになったり、支えてくれたりします。できれば、そのような人を多く持ちたいものです。

No. 196

出会いは単なる偶然か、必然か？

一度出会った者はいつかまた会う

南アフリカ

何の因果か、人の出会いは不思議です。愛する人との出会い、逆に大変な目、ひどい目に遭わされた人との出会い、人生は出会いと別れでできているといっても過言ではありません。このことわざは、自分が愛する人と別れを惜しむとき、あるいは、ひどい目に遭わされた相手に後日の復讐を誓う意味で使われます。

No. 197

信じる心と疑う心をセットに

信じよ、だが確かめよ

ロシア

「人は生まれ持って悪がある」とする性悪説として、人を疑っていると窮屈です。疑われるのも気持ちのいいものではありません。では、「人は生まれながらに善を持つ」とする性善説では、悪人に騙される。このことわざは、人を信じつつ、でも、確かめなさいと、折衷案の生き方を示しています。

No. 198

「酔っていたので」は通用しない!?

顔は鏡で見
心は酒で見る

朝鮮

酒の席では、アルコールで心が解放されるのか、本性が言葉や行動となって出てくることがあります。酒を飲んだとき、普段は穏やかな人が急に荒々しい性格になることもあります。そんなとき、あとで「酒の上のことで」と詫びても、本性を露呈してしまった事実は消せません。くれぐれもご注意を。

No. 199

なぜこうなるの？

みんなはクマを知っているがクマのほうは誰も知らない

北欧圏

森に行くにはクマが心配。対して、クマはそんなことなど何も知らない。転じて、このことわざは、親は子どもを心配している一方で、子どもはそんな心配など知らずにいるということ。本人は、感情の向くままに大暴れして、他人に迷惑をかけているといった様子を表しています。

No. 200

赤の他人による事件や事故

リスがクルミを食うと
アヒルの首がねじ曲がり
シカの尻が痛くなる

カンボジア

リスとアヒルとシカは互いに関係性を持たないにもかかわらず、その中の一匹の行為で他が被害を被っていくことから、自分とは全く関係のない他人の行為によって被害が出ることを意味しています。赤の他人による事件や事故に巻き込まれることをさしています。そうならないように祈るしかありません。

No. 201

気をつけたい「噂」のトリセツ

噂のオオカミ

ラテン

言うだけなら、いないオオカミをいると言えるため、噂を信じてはいけないということ。言葉一つでも受け取り方が違うように、人から人に伝わるときに話が大きくなったり、内容が変化したりしていきます。噂は信じ込まずに、話半分にするように心がけましょう。同時に、噂を広めるのも注意が必要です。フェイクニュースになりかねません。

No. 202

いつも前向きでいられる方法

あなたに起きた
悪いことは砂に書きとめ
良いことは大理石に
書きとめなさい

アラビア

自分に起きた悪いことはすぐに忘れ、良いことはずっと心の中にしまっておきなさいということ。過去の嫌な思い出にとらわれるのではなく、楽しい、充実感を味わったことを思い出すように心がけると、心がいつも前向きでいられます。日々の生活でいつも前向きでいられるようになるという教えです。

8章

世の中の真理を解き明かす

世間の常識や組織のルールに惑わされない、社会の法則を解き明かします。知的好奇心をくすぐる、学びの姿勢を改めるなど、成長の可能性が見えてきます。

「学ぶのに年をとりすぎることはない」ドイツ

No. 203

いつからでも成長できる

学ぶのに年をとり過ぎることはない

ドイツ

加齢とともに記憶力や情報処理力は落ちますが、その分、蓄積してきた経験や知識からにじみ出てくる知恵は衰えることがないようです。江戸時代後期に活躍した人物で、『大日本沿《えん》海《かい》輿《よ》地《ち》全《ぜん》図《ず》』を完成させた伊能忠敬は、当時は高齢者だった50歳で新たに天文学を学び始めました。何事も遅過ぎるということはありません。

No. 204

知ったかぶりは禁物

すべてを知れば怖く
半分知れば少し怖く
何も知らなければ怖くない

台湾

２０２０年に世界中を襲った新型コロナでは、ニュースが飛び交い混乱を招きました。感染症を何も知らずにいると、感染したその時に初めて恐怖を感じるでしょう。半分知った程度では生半可《なまはんか》。すべてを知って、正しく恐れる。これが大事なのです。知ったかぶりは身を滅ぼしかねないと、このことわざは教えてくれます。

No. 205

一年坊主。何やってもうまくいかない……

うまくいかないうちに万事うまくいくようになる

フランス

大学一年目や入社一年目など、わかることより、わからないことのほうが多いもの、うまくいかないのは当たり前。「どうしたらうまくできるのか」「なぜ失敗したんだ」と、ジタバタともがきます。実は、その間中、ずっと成長しているのです。ふっと、物事が手に取るようにわかるときがきます。そのとき、万事うまくいくようになりますよ。

No. 206

どこへ行きたいかを決める

私の意志のあるところ
私の脚がある

バスク地方

「意志があればどこにでも行ける」という意味で、転じて、人生で達成したい目標があれば、確固とした意志があればば、自然とそこに向かって進んでいるという意味です。たとえば、ジャズピアニストになる意志があるなら、自ずとジャズ演奏会やピアノ教室が目に飛び込んできます。まずは思うことから始めましょう。

No. 207

人として成長しているか

人間は努力する限り迷うものである

ドイツ

人生は努力し続ける限り迷いや悩みは生じるものだということ。だからといって努力を止めてしまえばいいということではありません。人生を良くしたい、幸せになりたいからこそ努力があり、迷いや悩みは努力の証、真剣に取り組んでいる証拠です。それを乗り越えてこそ、人としての成長もあるのです。

No. 208

手遅れにならないように

鉄は熱いうちに打て

アラブ

鉄は高温にするとやわらかくなるため、熱いうちにしか成型できません。転じて、このことわざは、人も、純粋で熱がある若いうちから心身を鍛えよということ。また、熱意のあるうちに取り組もうという意味もあります。いずれにせよ「熱い」うちが重要で、冷めてしまっては手遅れ。そうならないように心がけましょう。

No. 209

選ぶのは、易しいほうか、難しいほうか

甘えを学ぶより困難を学べ

モンゴル

物事に取り組む姿勢として、甘い考えは捨てて、困難なことから多くを学びなさいということ。人は困難な厳しい道を進んでいくほうが、多くの学びを得て知恵がつき、成長することができるのです。その仕事で一流を目指すのなら、自ら進んで難しい仕事を引き受けるようにしましょう。次第に困難なことが易しくなります。

No. 210

学びは、いつ活かされる？

学ぶ人は千の災害から守られる

ロシア

学びは、私たちが世の中を生きる道しるべとなるものです。人生にはさまざまな予期せぬ災いが起こります。学んで得た知識と知恵は、いざという場面で、あなたの身を守る盾になります。「火災で怖いのは煙。上への避難は煙に包まれることがある」などは、卑近な例。身を守るために学問の習得に励みたいものです。

No. 211

人は、生まれか、育ちか

高貴の生まれより気高き心が大切

オランダ

生まれた家柄よりも、心のありようや努力が人間性に大きな影響を与えると、このことわざは教えてくれます。人は出自よりもその後、どのようなしつけや教育を受けたか、どのように努力してきたかが人生をよりよく生きる上で大切なようです。生まれは変えられませんが、生き方は変えられます。

No. 212

外見ばかりを着飾る人は、かっこ悪い？

物によって自ら飾るより
学問によって自らを飾るべし

モンゴル

このことわざは、自分をよく見せようと、高価な衣服や装飾品をまとうよりも、知恵を身に付けることに努力して、中身のある人のほうが人生にとってはよほど意味があるといいます。とかく、人間は外見や身なりに気を取られがちですが、内面は外見に表れる。また、外見ばかりよくても、学のない人は残念な人といわれかねません。

No. 213

人としての魅力とは?

鳥を美しく飾るのは羽
人間を美しく飾るのは知恵

リトアニア

鳥に美しい羽があるように、人間には美点となる知恵があるということ。鳥が羽を使って羽ばたくように、人間は知恵を使って羽ばたくことができます。どこへでも自由自在に。そして、努力次第でこの知恵をいくらでも増やすことができます。見識が広く、思考が深い、そして、物事に的確に対処できる。そんな人は魅力的です。

No. 214

美しさを引き立たせる色とは？

白鳥の装いにこそ学ぶべし

タイ

女性は白鳥の姿に学び、白の装いこそが美しいということ。白は、光を反射する色でシンプル。ウエディングドレスしかり、ドレスや着物に仕立てれば、女性の美しさをより一層引き立たせます。そういうことから、このことわざが生み出されたのでしょう。美しさが引き立つ色は白であるという美的感覚は万国共通のようです。

No. 215

人格者が気をつけていること

礼儀が人をつくる

イギリス

礼儀に気をつけているかどうかで、人格、品性が磨かれるということです。礼儀の精神は、人に対する敬意から発します。誰に対しても、どんなときにでも敬意をもつのはとかく難しいものです。だけれども、敬意をもち続ける人から自然と出る言葉や行動は、そうではない人とは一線を画します。

No. 216

憧れの人の服装を真似する

衣服が人を作る

フランス

服装によって人の印象が左右される効果を「包装効果」といいます。これを自分自身に利用すると、たとえば、将来、実業界で成功を目指す人が、一流の経営者が着るような服を身に着けていると、周囲からはそれなりに見られ、己のモチベーションも上がり、夢が実現しやすくなるのです。このことわざが裏付け。お試しを。

No. 217

過度は弊害をもたらす

砂糖が過ぎれば知力を蝕《むしば》む
飾りが過ぎれば興《きょう》をそぐ

モンゴル

甘さを引き立たせる砂糖もとり過ぎれば体に悪く、華やかにする装飾も飾り過ぎるとかえってイヤミに感じる。転じて、やり過ぎることは良くなく、何事もほどほどが肝心ということ。過度におこなうとさまざまに弊害がもたらされます。仕事であれば過労で心身の健康を害したり、過食は健康を害すといったことが身近な例です。

No. 218

真実を誰も言わないのはなぜ？

子どもと馬鹿と酔っ払いは真実を語る

ブルガリア

人は置かれた立場上、話せないことがあります。部下を褒めると他からえこひいきと揶揄《やゆ》され、現場を知らない上司の決定に、泣く泣く中止を告げねばならない、など。本当は他人に秘密にしておきたいことでも、無邪気な子どもや無遠慮な馬鹿、酔った口は正直に話してしまうものであると、このことわざは語っているのです。

No. 219

長話は聞き手をうんざりさせる

簡潔は理知の真髄《しんずい》

英語圏

話がだらだら長いと聴き手は集中できなくなります。何かを伝えたければ、要点をまとめて簡潔に言ったほうが伝わります。たとえば、アメリカのバラク・オバマは、第44代大統領に勝利宣言で「Yes We Can」という言葉を使いました。瞬く間に全世界でブームになったように、人に伝わるのはたった一言。ことわざもまたしかりです。

No. 220

優しい注意のしかた

PとQに気をつけて

英語圏

「そんな態度でいいの？　よく考えて、お行儀よくしなさい」という意味で、ぐずっている幼い子に優しく注意する言葉です。「いい加減に止めないと、お仕置きだよ！」などとは言わないのです。もともとは印刷の技術が発明された時代に小文字のpとqがよく間違えられたため、注意を払うために生まれた言葉です。

No. 221

わかりやすくて優しい言葉使いだけど、
正しいとは限らない

乱暴な言葉は浅く入る耳に気持ち良い言葉は深く入る

カンボジア

胸の内を察するのは難しい。乱暴な言葉や態度であれば、その人が怒っていることがわかり、その場で対処ができます。しかし、耳に心地よい言葉や態度は、スルッと心のうちに入ってしまうもの。実は、敵意があっても気づかずに、あとで深手を負うことがあります。言葉の真意を聞き出すように努めなさいという教えです。

No. 222

くれぐれもお世辞には注意

苦い言葉を嫌うな
気に入る言葉はとるな

カンボジア

人はお世辞のように甘い言葉をかけてもらうと喜び、自分にとって苦になる言葉をかけられることを好みません。気に入る言葉は自分にとって心地よい言葉のため、成長に結びつきにくいものです。苦になる言葉こそ成長を促す燃料になるのです。良薬は口に苦いのですが、どうぞ、どの言葉を聞き入れるかご判断ください。

No. 223

「つまり？」とよく聞かれる

2を数える前に1を言え

スリランカ

ありがちなことですが、思い浮かんだことを筋道立てずに話してしまう。同様に、物事を考えるときも思考に筋道がなく、結果的に間違った結論を出してしまう。このことわざは、人に伝わるように順序良く話しなさいという教えです。物事の筋道を大事にするだけで、暮らしも仕事もうまくいくようになりますよ。

No. 224

教養の豊かさ、知識の深さは魅力になる

人が本に口づけするのはその内容のため

アラブ

このことわざは、外見で人を判断してはいけないという意味です。見方を変えると本は紙の束。しかし、書かれている内容は全く違います。評価をすべきはその内容にある、という教えなのです。人の評価も同様に、教養や経験、人格に魅力を感じられるようにしましょう。

No. 225

これからも語り継がれる

古いことわざは永久に朽ちない

リトアニア

古くから伝わることわざは、時代の壁を超えても残り続けるほど、人に必要な知恵が結集したものです。語り継がれてきた理由は、そこに、生き方の哲学、暮らしの工夫、世の中を見直す秘訣があり、知った者を導く力があるからです。もし、本書で見つけた大事にしたい一言があったのなら、どうぞ、大事にしたい人に語り継いでください。

No. 226

大切な教えは人々の生活の知恵

ことわざは理性より出でて理性におもむく

チェコ

「理性」とは、物事の道理を考える能力。このことわざは、先人の理性から出てきたもので、我々の理性に働きかけるものという意味です。ことわざには、生きていく上で大切な教えや人々の生活の知恵が盛り込まれています。中には皮肉や風刺を含んだものもあります。そうしたことわざによって、社会の縮図が見えてくるようになります。

No. 227

知識は無限でも、人生は有限

知識の種類は
たとえば星座のごとく
時の速さは
たとえば電光のごとし

チベット

このことわざは、学ぶべきことに終わりはないのに、時が過ぎていくのはあっという間だと伝えています。人は一生をかけても世の中のすべてを学ぶことはできません。それだけ世の中は広く知的好奇心を刺激するおもしろい知識はたくさんあるのです。研究者が学問に一生を捧げられるように、学問の世界に身を投じてみるのはいかがでしょうか。

No. 228

簡単な視野の広げ方

読書をしない者は目が見えないに等しい

アイスランド

「目が見えない」とは、視野が狭い、先を見据えられないということ。どのような社会や状況に置かれようとも、悠々と生きていくには、知識や教養が必要となります。その情報を得る有効な手段に読書があります。古今東西の賢人が残した本をひもとくと、仕事や日常生活の悩みや課題のヒントが得られます。

No. 229

未来づくりに生かす

学ある者は過去を知り
勇ある者は未来を知る

チベット

知識とは、先人の研究と経験の賜物であるけれど、過去のことです。過去の知識を知り、それを教訓にして未来を切り開こうとするのが勇気であると、このことわざは教えてくれます。たとえば、ことわざを知るだけでは、知識を増やすことにとどまります。ただ、それを活用しようと試みることで、次のステップに進めるのです。

No. 230

本を読めば読むほど、多角的な思考力が身につく

一冊の本しか読まない者は怖い

ラテン

たまたま手にした1冊の本の内容が正しいとは限らない。間違った内容を鵜呑《うの》みにすることもあり得ることを表しています。たまたま手にした1冊がすばらしい内容だと感じることもあるでしょう。ただし、その1冊で世の中のすべてはわかりません。たくさんの本を読み、知識・見識の幅を広げなさいと、このことわざは教えています。

No. 231

学ぶ機会は思ったより多い

先生からは多くを
仲間からはもっと多く
弟子からはもっとも多くを
学ぶものだ

ユダヤ

人が何かを学ぶ機会として、学校の先生から多くの学びがあるのはもちろんこと、友人などの仲間からも、学校の勉強以外のことで多くの学びがあります。しかし、それよりも多くを学べるのが、自分が師匠や教師になったときです。指導する立場になると、質問に対する答え、補足情報など、周辺情報を知らなくてはならないからです。

No. 232

私はどれか

人間には3種ある
自分から学ぶ人――賢人
他人から学ぶ人――才人
何者からも学ばない人――馬鹿

アラブ

ことわざの意味は、人間には賢人、才人、馬鹿の3つのタイプが存在し、それは学びの姿勢によるということ。自発的に学ぶ姿勢を持った人は賢人、他人からの教えから学べる人は才人、何者からも学ばないし、学べない人は馬鹿という。人として生まれたからには、賢人になれるように自分の姿勢を正したいものです。

No. 233

部下は思った以上に上司に影響される

先生がそんなふうなら生徒もそんなふうだ

インドネシア

悪い教師のもとでは劣った生徒しか育たないということ。上司と部下の関係も同じで、上司の指導が悪ければ、良い部下は生まれない。部下が何か問題を起こしたとき「あの上司だからか」「上司の教えを守れない部下だからか」と分かれるもの。これらを超えて「あの上司だから優れた部下なのか」といわれるようになりなさいという教えです。

No. 234

世の中の情勢が悪くなると不安になる

根が正しくないと苗は歪《ゆが》む

中国

木や草は根がしっかり地面に張っていないとたちまち歪むように、人も土台となる体と精神がしっかりしていると多少のことでは揺らがないということ。風はあらゆる方向から吹いてきます。悪化する社会情勢や甘い誘惑など、どんな風が吹こうと、根がしっかりしていると右往左往しないでいられるのです。

No. 235

何で間違ったんだろう?

自分とだけ会話する人は間違えることがない

東アフリカ

逆説的な表現ですが、他人の意見を聞きなさいという教訓的な意味になります。独断は、間違えようがないということ。答えが私から出たひとつだけなのですから。しかし、それが正しくないなら勘違いです。大きな間違いを引き起こすかもしれませんので、人の意見を聞くことも大切です。

No. 236

失敗からの学びを素直に受け止める

愚か者は1度つまずき
知恵者は3度つまずく

ネパール

利口な人のほうが、単純で素朴な人より災難に遭いやすく間違いを犯しやすいといいます。利口な人ほど物事を考える範囲や行動する範囲が広いため、とかく、いろいろな失敗を招いてしまいがち。しかし、失敗は成功の母。知恵者であるほど、どんどん成長できるのです。

No. 237

戦に勝つには？　自分の武器とは？

武器は戦いの半分

クルド人

このことわざは、戦いに勝つには武器は必要だが、それだけでは勝てないといっています。たとえば、人より記憶力に長けている、コミュニケーション力に秀でているのなら、それはあなたの武器です。使い方次第。もし、戦略を立てずにいたのなら、これまで半分の力しか発揮できていなかったので、これからはさらに活躍できますよ。

No. 238

自信のある同僚ばかりが出世する

羊のように振舞えばおおかみに喰われる

イタリア

おどおどしていたら、それだけ自信がないと見られ、大事な仕事を横取りされたり、いじめに遭ったりします。おとなしくしていたら、人はつけあがるものです。そのため、弱腰の姿勢は禁物。このことわざは、そう教えてくれます。ビジネスの世界は弱肉強食。自信があるか、なしかに関係なく、弱弱しい態度はとらないように気をつけましょう。

No. 239

「もしも」は「もしも」でしかない

「もし」を繰り返していけば
パリを瓶の中に入れる
こともできるだろう

フランス

このことわざは、仮定の話には限界がないもので、また、現実的ではなく空想的では意味がないと、皮肉を交えて語っています。よく仮定の話をする人はきっと何でもうまくいくと思っているのでしょう。しかし、あくまで仮定は仮定。勘違いしないように、くれぐれもご注意を。

No. 240

無駄に悲観したり苦しんだりすることはない

この世では
すべてがまことで
すべてが偽り

スペイン

この世のことをありのままに認めれば本当のことであるし、仮の姿だと考えればすべてが偽りのことだと考えられる。しょせんこの世の中は自分の考え方次第であるということです。私たちはそのような世の中に生きていることだけが真実。何が起ころうと考え方次第で、苦しいことを悲観したままにせずに変えられるのです。

9章 迷う私を正しく導く

知らないうちに言葉で傷つけていないか、なんで今の自分に自信が持てないのか、世の中と足並みがそろわないのはなぜかなど、迷う人を導きます。日々の暮らしがもっとクリアになります。

「もの言わぬ人の心を神のみぞ知る」ロマ族

No. 241

誰にも評価されない……

もの言わぬ人の心を神のみぞ知る

ロマ族

たとえ何も言わなくても、神様は知ってくれています。その人が利己的ではなく、常に前向きで建設的、明るく、良い心を持っていれば、その人には豊かさが与えられ、逆に利己的で否定的、人を恨んだりする悪い心を持っていれば貧しさが与えられます。そして、その評価は必ず人から下されます。

No. 242

自分の行動に自信が持てない

善を為すのに相談はいらぬ

アラビア

善行する際は、あれこれ迷わずにすぐに実行しなさいという意味。たとえば、社運をかけたプロジェクトの大事な打合せに行く途中、女性が突然、倒れたのを見かけました。どうするか――。とっさに電話をかける先は、会社でしょうか。それとも、救急車でしょうか。逡巡《しゅんじゅん》するヒマがあったら、直ちに具体的な行動に移しましょう。

No. 243

いい事したのに、私に見返りなし……

善行はしたらすぐ忘れよ

ネパール

他人が幸せになるようなことをしたあとは、見返りを求めずに、そのこと自体も忘れてしまいましょう。そのことは天は見逃しはしません。本人が忘れたころに、今度は善行を受ける身として返ってきます。または、いつまでも見返りを期待したり、要求したりするのは野暮です。せっかくの行いも台無しになります。

No. 244

「会社の命令だから」「親の言うことだから」「頼まれたから」……

事にあたり
良心の命に耳をかたむけよ
生涯に悔いを残さないために

ラテン

何事も、自分の心の声に耳を傾けることが大事です。会社の命令や、社会通念に耳を傾けて自分をだましていると、やがて迷いが生まれて行き詰まります。それは一時はよくても、生涯に悔いを残すことになりかねません。何事にも、失敗や成功、または協力関係よりも大事なものがある。そうこの言葉が教えてくれます。

No. 245

悪い人の言葉に引っかからない

良き人の言葉は
一月の食糧
悪しき人の言葉は
その人の重荷

モンゴル

良い人の言葉は、良い思いが込められていて生きる糧になりますが、邪心を持った人の言葉には、奥にたくらみが隠されていて、聞く者に不快を与えます。そんな言葉には心に重くのしかかるものであるということを表しています。仕事や日々の暮らしで、悪い人の言葉に引っかからないように気をつけたいものです。

No. 246

人を助けて自分が嬉しくなる気持ち

手を洗う手はきれいになる

ナイジェリア

読んで字のごとく、手を洗う手がきれいになるように、人に対する気の持ちようも同じであるということ。「大丈夫？」と人に寄り添う人は誰かが隣にいるもの。「ファイト」と応援する人は知らずに自分を鼓舞しているものなのです。どうぞ、だまされたと思ってお試しください。

No. 247

前向きな気持ちになる

適切な言葉は病んだ心を治す

イギリス

自分をやる気にさせる言葉や楽しくさせる言葉を口にすれば、暗く落ち込んだ気持ちも解消し、前向きな気持ちになるということ。たとえば、頼まれたスピーチが極度の緊張で失敗。そんなときに「今回は実力を出し切れなかったけど、内容はよく考えられていた。次はもっとうまくできるね」と言われると、前向きな気持ちになるのです。

No. 248

その人のために言っているのに迷惑な顔をされる

言葉を話せ
相応《ふさわ》しいところで水を撒《ま》け
しみ込むところに

ウイグル

需要もないのに勝手に供給したら、いっぱいいっぱいになってしまいます。会話も同じように、その内容を相手が素直に聞ける場面で話すことが大切です。たとえば、他のことで忙しいにもかかわらず無理に説教したところで聞く耳は持たれないでしょう。やはり、会話にも「時・場所・場面」というTPOがあるのです。

No. 249

仕事のコツを教えたのに活用していない

水と助言は求められたときにだけ与えよ

ベネズエラ

喉が渇いたときの水は感謝されるが、そうでないときは感謝の言葉もない。助言も同じように世話好きで心配性の人は気遣うあまり、聞いてもいないことを助言してくるものです。あれやこれやと言いますが、言われるほうは関心がないと助言も頭に残らないことが少なくありません。助言するのなら、水と同じで、相手が欲したときがベストです。

No. 250

大切なのは思いやり

上手な嘘はつまらない事実より価値がある

イタリア

「嘘」は、時と場合によっては、相手を鼓舞して良い方向に向かわせる有効な手段となります。たとえば「きっとうまくいく！」「医者はあなたの頑張り次第で治るって」「世界を目指す人はもっと頑張ってる！」など。相手をなぐさめたり、やる気を出させたりするためにつく嘘は、結果的に悪いとは言い切れません。大切なのは思いやりです。

No. 251

あれ、フェイクニュースだったんだ……

嘘は早く広がるが真実は必ず追いつく

南アフリカ

ある研究で、デマは真実よりも6倍速く広がるという結果が出ています。なぜかというと、真実は平凡で人の関心を引かないのに比べ、デマは驚きや恐怖感など、人が関心を持ちやすく、拡散が速いのです。しかし、やがては真実も伝わることになります。もし、嘘を広めた人だったら、そのとき、信頼は損なわれるでしょう。

No. 252

年をとっても変わらないもの

美はうつろいやすいが
善は変わらない

南アフリカ

人間にとって年齢を重ねても変わらないことは何でしょうか。年齢とともに容姿は美しさの質を変えていきます。その一方で、「三つ子の魂百まで」ということわざがあるように、幼いころからの性格の片鱗《へんりん》は、年をとっても変わらず、良し悪しの判断は変化しにくいのです。人の性格を見抜くときに、このことわざを思い出してみてください。

No. 253

他人への悪口は自分のためにも言わない

人をそしって傷つくのは
そしった人
そしられた人
それを聞かされる人

ユダヤ

ことわざの意味は、人を悪く言って傷つくのは、悪口を言った本人と言われたその人、それを聞かされた周りの人ということ。他人の悪口はすぐに自分自身を傷つけます。良心が傷つくのです。そのことで自分への評価や自己肯定感が下がりかねません。他人への悪口は自分を含めたすべての人を不幸にするのです。

No. 254

使い方を間違えないように

槍は体を傷つけるが
言葉は心を傷つける

イラン／アフガニスタン

刀剣は人の体を傷つけるものだが、鋭い言葉は人の心を傷つけるということ。切り傷や刺し傷は、致命傷でなければ、時間が傷を癒やしてくれますが、一度負った心の傷はなかなか癒えるものではありません。言葉は使い方ひとつで刀剣以上にも薬にもなります。言葉が持つ力は万国共通。国によっては武器にもたとえられるようです。

No. 255

なぜ信用されない？

真実の人は決して誓わず

インド

人は、何かにつけ「神に誓って……」などと言って真実を伝えていることを示しますが、口先だけでは疑いたくなるもの。いつも正しくいる人は何かに誓う必要がそもそもありません。やはり真実の人として信用を得るためには、日ごろの行いが大事だということです。

No. 256

天は悪を見逃さない

天《てん》網《もう》恢《かい》恢《かい》疎《そ》にして漏《も》らさず

中国

他人の家の清掃や留守番を任されるような仕事で、欲しい物だからと、ついその家の物を盗んでしまった。そんな犯罪のニュースをどきどき耳にします。犯人からすれば、「どうせわからないだろう」と高をくって罪を犯しますが、人が見ていなくても天から見られています。見逃されることはありません。

No. 257

悪人の心といかに上手に付き合っていくか

すべての人には自分の胸のなかに自分の敵がいる

デンマーク

ことわざの意味は、人には善人の心と悪人の心と両方が共存しているということ。ある人が慈善活動をしていながら、もう一方では違法薬物に手を出していたなどという、驚くようなニュースはときどき耳にするものです。しかし、他人事ではありません。今一度、自分の悪人の心といかに上手に付き合っていくか考えたいところです。

No. 258

倍返しにしてやりたい……

復讐は
さまして食べる料理だ

フランス

復讐は、まさに料理と同じで、あわてず、じっくりと段取りを考えてから落ち着いてとりかかるべき、というニヒルなことわざ。「やられたらやり返す」というように、身に起こった悲劇はやり返すくらいでちょうどいいかもしれない。ただし、復讐が何をもたらすか、必ず一度、冷静に考える機会をもってください。

No. 259

誰もいないところで徳を積んで意味ある？

おまえは助けて
よいことをした
それを吹聴《ふいちょう》して
徳を失った

ウイグル

人のおこないは、たとえ感謝されることをしたとしても、ほんの少しの思いやりのなさで、怒りを買ってしまうことがあるのです。たとえば、人助けのあとで自分の手柄を誇張して偉そうに周りに言いふらす行為。助けられた人も周りも、良くは思わないでしょう。何事も陰徳を積むことが大事です。

No. 260

偉そうな態度していない?

彼の鼻は雲をつきやぶっている

セルビア

気持ちが舞い上がってうぬぼれていることを表したことわざです。実際の自分以上に優れていると思い込んで得意になることを「うぬぼれ」といいますが、うぬぼれ屋はどの国にもいて、鼻につくようです。自分はそうかもと思ったら、謙虚な気持ちになりましょう。

No. 261

手助けは自分のためにならない？

情けは人のためならず

日本

人に親切にすればその親切にされた相手のためになるばかりではなく、やがてはよい報いとなって自分に返ってくるということ。これは因果応報を意味することわざです。そういう意味では、親切にする機会も人生のチャンスです。自分にできることをしてあげましょう。ただし、決して下心は持たないように。

No. 262

これって人助け？　それともお節介？

クマおばさんの情け

アラブ

迷惑な思いやりのこと。これは、アラブの伝統的な詩に書かれている話です。子グマを救った狩人に母クマ（クマおばさん）が恩を返そうとして、狩人の顔についたハエを取り払おうと顔をめがけて石を投げたという物語からできたことわざです。相手への親切な行為が迷惑になっていないか、気をつけたいですね。

No. 263

慎重に進めていく

優しい炎はパンをおいしくする

インド

パンは優しい火でじっくりと焼き上げると良い味がするように、何事も配慮を欠かさず慎重に行えば、必ず良い結果が得られるということ。人間関係も、教育も、働き方も同じ。早く焼こうとして強火で焦がしてしまえば、せっかくのパンが台無しです。物事は優しく、温かい火のつもりでおこないましょう。

No. 264

成ることはできても、その後どうするか

坊さんになるのは
なんとたやすい
人間になるのは
なんと難しい

イラン

形式としての坊さんになるのは容易だが、戒律を守って真の人格者になるのは難しいということ。坊さんに限らず、自分のおかれた立場と目標に置き換えられます。「親になるのはなんとたやすい……」「上司になるのはなんとたやすい……」「政治家になるのはなんとたやすい……」何になりたいかではなく、何をしたいかが大事です。

No. 265

肩書きや地位で、その人を判断しない

肩書きは名声に及ばず
高位の人は善人に及ばず

カンボジア

肩書きや地位は、その人自身の評価には値せず、他人からの評価や本人の品性こそが、その人の真の評価となるということ。名声とは名誉ある評判のことで、肩書きがそれを示しているわけではなく、地位の高い人が必ずしも正しいことをしているわけではないのです。名刺だけでは人を判断してはいけません。

No. 266

くだらない話は禁物です

小さなアヒルを吹き出す

ラトビア

「くだらないことを話す」や「嘘をつく」という意味のことわざです。会話の際、話し手の内容がくだらない、あるいは、嘘だと思ったときに相手が「小さなアヒルを吹き出しているね」と使います。この言葉が相手の口から出たときは、信用されていない証しとなります。言われないように話の内容に気をつけましょう。

No. 267

私情は捨てても、失ってはいけないもの

涙を揮《ふる》って馬謖《ばしょく》を斬る

中国

たとえ有能な愛すべき人物であっても、違反を犯せば私情を捨てて厳しく処分することのたとえ。語源は、中国の古典『三国志』の一節にあります。蜀《しょく》の諸葛孔明《しょかつこうめい》の愛弟子馬謖が、軍律を破って魏《ぎ》に大敗したため、諸葛孔明が処刑したことに由来します。現代では、上司の子飼いの部下に対する処分の気持ちを代弁するときによく使われます。

No. 268

謙虚とは？

実るほど
頭《こうべ》を垂れる稲穂かな

日本

とかく人というものは、少し成功を味わっただけで、他人を見下す傲慢《ごうまん》な性格になりがちです。ツキもその人から逃げてしまうことでしょう。

一方、優れた人間性を持つ人は、頭を低く謙虚な姿勢を持っているもの。「実際に会ったら普通の人だった」なんていう経験はないでしょうか。たとえ成功しても驕《おご》らずに謙虚な姿勢でいたいものです。

No. 269

無為自然に生きる

大《だい》道《どう》廃《すた》れて仁義あり

中国

中国古代の道家《どうか》思想の開祖老子の言葉。ことわざの意味は、無為自然《むいしぜん》（なんら作為をせず、あるがままの状態）の生き方が廃れてしまったからこそ、仁義などという人為的な道徳が説かれるようになってしまったということ。老子は、仁義などという言葉さえも存在せず、人が大道に従い無為自然に生きる世の中を理想としました。

No. 270

自分がよいと思うほうに懸ける

盗むならラクダを
愛するなら月を

アラブ

善でも悪でも、どうせやるなら素晴らしいと思うほうに思い切りやりなさいということ。つまり、物事をやるからには遠慮してはいけない。欲張るくらいでちょうどいいという教えです。たとえば仕事であれば、大きな結果・成果を得るために、自分がよいと思うほうに懸けてみてはいかがでしょうか。

No. 271

悪事は人にばれるもの

耳をおさえて鐘《かね》を盗む

シンガポール

「良心に反する行為をするときに自身のその心を無視して行うこと」や「自分の悪事を隠そうとしても、逆にそれが世間に広く知れ渡ること」のたとえです。泥棒が、盗んだ鐘を運ぶ際に音が鳴ると人にばれるため、自分が聞こえなければ音がしていないも同じと、自分の耳をふさいだという話にちなんでいます。

No. 272

舞い上がらず、落ち込まず、平静に生きる

嬉しくても歌うな
苦しくても嘆くな

モンゴル

人生は、嬉しいことが続くわけでも、苦しいことが続くわけでもありません。また、嬉しいことに注意がそれて失敗したり、苦しいことに嘆いてばかりで嬉しい気持ちを失ったりしがちです。その都度、過度に嬉しがったり苦しんだりするのは、すなわち心が乱れているのです。このことわざは、心を平静に保とうと教え諭しています。

10章

幸福の在り方を捉え直す

幸せのつかみ方、気づき方、与え方がわかります。物に囲まれているのに、仕事に困らないのに、家庭があっても幸せを感じられない、そんな人にいろいろな幸福の形を教えてくれます。

「楽しい人には草も花、
いじけた人には花も草」北欧圏

No. 273

いつも楽しい気持ちでいるために

楽しい人には草も花
いじけた人には花も草

北欧圏

楽しい気持ちでいると、きれいな花が目にとまり、逆に落ち込んだ気持ちでいると、味気ない草しか見えない。人は心のあり方ひとつということ。「目の前が明るくなった」と不意に口について出るのも、同じ作用でしょう。いつでも美しくものを見るために、楽しい気持ちでいることを忘れてはいけません。

No. 274

振り返ると暗い人生歩んでいる……

笑って暮らすも一生
泣いて暮らすも一生

ドイツ

世の中を嘆き悲しむのもその人の人生で、それでも楽しいことを見つけ、笑って暮らすのもその人の人生であると、このことわざは語ります。選択肢は自分が握っているのです。たとえば、平和で豊かな日本にいて嬉しいか、少子高齢化で先行きが暗い日本にいて悲しいか、考え方は人それぞれです。どのような一生を過ごしたいですか？

No. 275

自分が変われば世界が変わる

クマを手なずけるのも
子犬が咬《か》みついてくるのも
人がほほ笑むのも
すべてあなた次第

西洋圏

たとえ獰猛《どうもう》なクマでも、愛情を持って接していれば手なずけられる。逆に、たとえかわいい幼犬であっても不信感をもたせるようなおこないをすれば咬みついてくる。また、他の人があなたに対してほほ笑んでくれるのも、それらすべてがあなた次第だということです。自分が変われば世界も変わります。

No. 276

人に自分の人生をあずけない

最高の占い師は
外にいるのではなく
自分の内に存在する

オーストリア

運命の支配者は、実は自分自身であり、運命というものは、自分の考え方、心構え、努力が握っていると、このことわざはいいます。また、自分自身をよく知るのは、ずっと一緒にいた自分です。よく自分と相談し、ときに他の人と相談してみる。そうやって自分の運命を探ってみてはいかがでしょうか。

No. 277

充実した生活、濃密な時間を過ごす

銀で輝く長生きよりも金のきらめきで短く生きるほうがまし

ロシア

このことわざは、人生は細く長く生きていくことよりも、太く短く生きていくほうがよいといいます。のんびり、ゆっくり生きていくためなら充実しなくてもよしとするのが銀。一度きりの人生であれば、たとえ短い生涯だとしても、充実した生活、濃密な時間を過ごすほうがよいというのが金。あなたはどちらがいいですか。

No. 278

たくさんの不幸を背負う

やあ石さん、どこへ行くんだい
石のたまり場へさ
やあ不幸君、どこへ行くんだい
不幸のある人のところへさ

ロシア

このことわざは、同じもの同士が集まるように、不幸も不幸を呼んで集まってくるということ。人生、突然の不幸に見舞われることもありますが、自分は不幸だと勝手に思い込むのはやめたほうがよさそうです。なぜならば、不幸は不幸を呼んで、やがて、たくさんの不幸を背負うことになるからです。

No. 279

不満ばかり口に出してる気がする

ロバの鳴き声はいつも「この世界は不公平」

ジャマイカ

　このことわざは、無力で弱い者ほど不平不満を嘆くという意味です。貧富の差が激しいとされているジャマイカの貧しい人たちの本心からの叫びでしょうか。ちなみにジャマイカのことわざでロバは、無力で弱い者のほか、愚かで怠け者をさします。不満を口にする人か、実際に行動する人か。どちらが思い当たりますか？

No. 280

不幸は、幸福の種

不幸の想い出は幸福を倍加する

イタリア

このことわざは、不幸だったときを思い出すと、それを乗り越えた今があることに気がつき、幸福感が倍増するということ。不幸で辛い経験は人生のスパイス。たとえば、貧乏だったときに遊びたくても遊べない、やるせない気持ち、勉強ができなかったときの苦い記憶など。それを克服してつかんだ幸福は、感慨もひとしおになることでしょう。

No. 281

苦労はなぜ必要？

苦さの味を知らぬ者は甘さもわからない

ドイツ

日本人は、海外旅行をして初めて、蛇口から安全な水が出るありがたみを感じられるようです。同時に、人生の厳しさや苦しさを経験したことのない人は、人生の本当の良さはわからないことでしょう。「艱難辛苦《かんなんしんく》」を乗り越えた経験は、すなわち、「愉快適悦《ゆかいてきえつ》」（楽しく、満足すること）を味わえることと同義なのです。

No. 282

何事も経験しないとわからない

ドリアンは食べてみなければわからない

ミクロネシア

人生はわからないことだらけ。何かを知るには、まずは経験することだと、このことわざはいいます。一歩を踏み出してみよう！　というのに、ミクロネシアではドリアンを引き合いに出すようです。見たことも食べたこともないドリアンを一口食べてみると、もう二度と食べたくないと思うかもしれません。はたまた、とりこになるかもしれません。

No. 283

幸福がなかなか来ない

幸運は汝《なんじ》を訪れず
汝の訪れを待つ

イギリス

何もしないのなら何も起こらず、幸運も訪れるはずありません。夢が実現するチャンスや、思わぬ幸福は行動している人に訪れるということなのです。たとえば、定食屋を構えたら、近くに学校ができてたちまち繁盛した。これも定食屋を始めなければ、幸運など起こりようがありません。幸運は舞い降りるのではなく、つかみ取るもののようです。

No. 284

手間も楽しんでしまう

そりすべりが好きなら
そり運びも好きになれ

ロシア

ボルシチ、ビーフストロガノフ、ピロシキなど、おいしい料理はたくさんあり、毎日、好きなものを食べていたいものです。ただし、何もせずに食べていられるわけではありません。食材を仕入れる、料理をする、片づけをする……。さまざまな作業が必要になります。食べる一瞬だけでなく、手間も楽しもう！　そんな心構えを教えてくれます。

No. 285

「もらう幸せ」から「贈る幸せ」へ

人からもらうのが好きなら
人に与えるのも好きになれ

ロシア

プレゼントで何をもらえると嬉しいでしょうか。高価な物、手に入りにくい物、想い入れのある物、さまざまあるでしょう。もらう人もいれば、与える人もいます。与える人は「あの人」がもらって喜ぶ顔を想像しているものです。もらうだけでは、実は嬉しさ半分。与えるようになって初めて真の幸福に気がつけるのです。

No. 286

なんで私だけ何も持っていないの？

多く持っていない者が
貧しいのではなく
多く欲しがる者が貧しい

スペイン

貧しさとは所有する物の多さではなく、欲望の度合いだとこのことわざは教えてくれます。つまり、どんなに多くの物を持とうと、欲望があるうちはいつも心は貧しいのです。大切なのは心のあり方。どんなに物が少なくても、これで十分と満足できれば、その人は豊かな心の持ち主なのです。

No. 287

お願いばかりでは、叶わない？

仕事を怠けて、祈りは熱心

西洋圏

祈ってばかりいても、一生懸命に働かなければ、人生は好転しないことを表しています。祈りで腹が満たされるのなら、みな仕事などしないでしょう。実際の仕事と働き方が成果を実らせるのであって、祈りがすべてではありません。豊穣祈願も働く農家がすべきことをしたあとの祈りなのです。

No. 288

災難に見舞われる前に備えておけばよかった

夏に汗をかかないと冬ごごえる

北欧圏

北海道より北に位置する北欧は極寒の冬。陽の差す夏に衣食住を蓄えておかなければ、冬を乗り越えられないといいます。イソップ寓話の「アリとキリギリス」のような意味のことわざです。余裕のあるときにこそ、備えや蓄えを持とうという教えです。

No. 289

風と春の季節を謳歌する

風の3月と雨の4月が花いっぱいの5月を引き出す

スペイン

スペインでは、春の3月には風、4月の雨によって、5月には花いっぱいの季節になるといいます。この5月の時期は、世界から観光客も集まるスペインの最高の季節です。このことわざはスペイン人が愛してやまない5月を称えたものです。日本では「雪残る2月、寒さ続く3月が、桜を咲かせる4月を引き出す」でしょうか。

No. 290

美しくなる一番簡単な方法

愛される者は美しい

ウイグル族

愛されるほうは見られているという意識によって輝きを増すことがあります。「何だか変わった？」と周囲から思われるのはそのためです。逆に、独りでいると見られている意識が薄れ、美意識も次第になくなっていくことでしょう。老けた見た目になる理由のひとつです。愛される努力をするのもまた大事なのかもしれません。

No. 291

恋に疲れたり挫折したとき

恋よりも酒に酔え

タイ

恋はすべてが順調なことなどなく、切なく苦しくもあります。そんな恋に酔ってしまうと、苦しさからなかなか抜け出せなくなります。しかし、酒ならばときが経てば酔いがさめます。このことわざは、苦しい恋よりも酒を飲んで楽しもうという酒飲みの心情を表したものです。恋に疲れたときに思い出したい言葉です。

No. 292

神様に見捨てられない人生

彼のフクロウが飛び去った

フィジー

南太平洋に位置するフィジーの先住民族は、フクロウ、サメ、ヘビは人々の守護と豊穣、富を約束する氏族神として畏敬《いけい》の念を持たれています。フクロウが飛び去ることは、もはや守護神が去っていったということ。人が富や権威を失うことをいいます。神様に見捨てられない人生を歩みたいものです。

No. 293

あれも欲しい、これも欲しい、もっと欲しい

欲望は魔物だ

インドネシア

魔物とは、自分を狂わせ自身にも他人にも害を及ぼすような性質を持つもの。欲望とは、お金が欲しい、物が欲しい、高い地位が欲しいなど、現状に不足を感じてそれを満たそうと強く望むこと。対処を誤ると、人生を棒に振ることになりかねません。自分の心と向き合い、コントロールしておきましょう。

No. 294

自分の優先順位がいつも高い人にかける言葉

「私」はアルファベットの最後

ロシア

「私は〜」「私に〜」「私の〜」などと、何かにつけ自己主張が強い人は嫌がられるものです。このことわざは、そんな人に向けて皮肉たっぷりにいう言葉。「私」はロシア語では「ヤー」といいますが、キリル文字では「Я」の一字で、ロシア語アルファベット表の最後に来ます。転じて、我を張らず、いつも謙虚な心が大事だと伝えています。

No. 295

欲が過ぎると……

はちみつを食べ過ぎれば
うまさは失われ
名誉を追い求めれば
名誉は失われる

旧約聖書

いくらおいしいはちみつでも、それを食べ過ぎるとおいしくなくなるように、名誉ばかりを追い求めると、それ自体が目的化し、周りからは名誉欲に溺れた人と評価され、求めていた名誉に傷がつきます。名誉は求めるものではなく、励んだ者に贈られる結果と捉えるのはいかがでしょうか。

No. 296

この作品、良い？　悪い？　それとも……

うまうま
とらとら

中国

「まあまあ」という程度を表す言葉です。つまり、十分ではないが不満に思うほどのことでもないということを意味します。語源は、半分馬で半分虎の独創的な絵を描いた画家の話に由来します。残念ながらその絵を好む人はいなかったそうですが、絵の完成度としてはまあまあだったのでしょう。

No. 297

にぎわっている楽しい場所

あそこでクマが踊っているよ

ドイツ

ことわざの意味は、「あそこはにぎわっている楽しい場所だ」ということ。この由来は、中世の時代、旅のサーカス団が田舎の町に来てクマにタップダンスをおどらせて観衆を楽しませていました。娯楽の少ない時代、人々にとっては大きな楽しみのひとつでした。その様子からできたことわざだとされています。

No. 298

失敗した記憶を思い出すたび辛くなる……

どうにもならないことは忘れるのが幸福だ

ドイツ

祝賀会のパーティーの準備がバタバタしていて、友人のあの人を誘い忘れてしまった。申し訳ない気持ちでいっぱいになり、ただただ平謝り。友人への謝意を示し、その気持ちを持っていたら、そのあとはもうやることはありません。過去のことですので、タイムマシーンでもなければ変えられないでしょう。忘れるのが賢明です。

11章 運命を好転させる

未来は変えられるか、運が悪いのはなぜか、なぜ私だけドラマが起こらないかなど、運命の糸の秘密に迫ります。巡り合わせを、愉しめるようになります。

「鏡は見たものを忘れる」
ペルシャ

No. 299

心まで美しくなる鏡の使い方

鏡は見たものを忘れる

ペルシャ

イスラムの世界では、鏡は化粧道具以外にも使われる生活の必需品です。このことわざは、鏡は人の姿や表情を映すものの、それをとどめることはないことから、鏡で自身の心の中も映して、自分の欲望や他人への悪い思いなどを拭い去るという美徳を表したものです。鏡を使って日々「忘れる」ことを心掛けましょう。

No. 300

「怒り」にとらわれていると……

過去を忘れ
心から怒りを消し去れ
どんな強い人間も
そんな重荷に
耐え続けることはできない

チェロキー族

人は「怒り」や「悲しみ」などの強い情動は、楽しい感情、嬉しい記憶を抑え頭の中を巣食う記憶となります。その記憶が脳内に占めていると、心身に悪影響を及ぼすことになりかねません。強い負の感情は、重荷になっているのです。過去は過去として〝忘れて〟、前向きに生きていくという考え方もあるのではないでしょうか。

No. 301

不幸が前輪で、後輪は幸福

運命の車輪は回る

イタリア

8歳のファヒムと父親がバングラデシュを逃れ、フランスの難民に。異国で唯一通じるのはチェスだけ。父親が強制送還の危機にファヒムはチェスの大会で優勝することに活路を見いだす。映画になった実話ですが、祖国の母親と再会するラストはフィクション。運命の車輪は音を立てて回る。実際に母親と再開し脚本は現実になりました。

No. 302

運のいい人になる秘訣

運命の女神は強者を助ける

古代ローマ

このことわざは、古代ローマの喜劇作家テレンティウスの戯曲『ポルミオ』の一節から取られた言葉ですが、その意味は、何事も勇気をもって臨めば、運がそこについてくるということです。やろうかやるまいか、失敗を恐れて思い悩んでいることは、やってみようと勇気をもって臨みましょう。そういう人を運命の女神は助けてくれます。

No. 303

不安の殻を破る

あえて行動する者には運はめったに背かない

フランス

新しいことに挑戦するとき、あれこれ心配してしまいます。心配するあまり、その挑戦自体をやめてしまう。それも大事です。しっかり準備して対策を立てているのですから。ときには、あえて、「えいや！」と行動してみるのも大事です。案外うまくいくことも多いものです。不安の殻を破って、踏み出してみる人に運はついてきます。

No. 304

「宿命」は変えられなくても、
「運命」は変えられる

人はみな自己の運命の建設者なり

ラテン

このことわざは、人はみな自分の運命は自分でつくれるという意味です。人生には「宿命」と「運命」があるといいます。宿命は、たとえば、親や兄弟、生まれた場所などすでに決められていることですが、それに対して運命は自分でつくることができます。自分次第で大きくも小さくも、デザインも自由です。どんな運命を創造しますか。

No. 305

運命はままならない

この世は糸車
人間はつむ糸
糸を紡ぎ糸車を回すのは悪魔

マルタ

このことわざの意味は、人生はまるで糸車のように、上へ下へと上下する。そんな人間の運命を操るのは、神様ではなく悪魔だと思うほうが、しっくりくる。これまで「これは悪魔の仕業だ」と思うことはあるのではないでしょうか。良いことばかり起こるのでは人生はつまらない。ときに悪魔的なドラマが起こってこそ人生の刺激になるのです。

No. 306

本当の〝老い〟とは

身体の老いは怖れないが心の老いが怖ろしい

中国

人には「物理的な年齢」と「心の年齢」があります。生後の年数で示される年齢と、心のありようで変わる年齢です。物理的な年齢を重ねると、どうしても、楽に生きようとしたり、考え方が固執したり、学びを忘れたりするもの。だけれども、いつまでも理想と情熱をもった人間でありたいものです。それが、〝良い年の取り方〟ではないでしょうか。

No. 307

後世に影響を残す生き方

バラは枯れても
かおりは残る

アラブ

バラは枯れてもすばらしい香りが残るように、人は死んでも残るものがあるという教えです。吉田松陰《よしだしょういん》しかり、教育者が教え子の心を耕し蒔いた種が芽吹くもの。エジソンしかり、電球や蓄音機などを発明し、後世にその発明家の精神を残します。死してなお、残り続ける〝かおり〟で人類は進化してきたのです。

No. 308

逃れられないこと

若者は憧れに耐え
老人は変化に耐える

インドネシア／マレーシア

若者は、とかく「ビッグになりたい！」「いい人生を送りたい！」と憧れをもち、自身を変化させるけれど、思うように成長できない自分にいら立ちを覚えます。老人はこれまでの努力が不意にされるような変化を嫌います。人はそれぞれの世代でそれぞれの葛藤があるとこのことわざが教えます。

No. 309

人生にも旬がある

どの野菜、果物にも旬というものがある

ロシア

どの野菜や果物にも旬があるように、人それぞれの人生にも旬があり、その時期に人は開花するということ。たとえば、独立してお店を出そうと決意しても、開店資金がない、家族の同意が得られないのは旬ではありません。その人に、資金、家族の同意、協力者などが揃ったときに旬の時期を迎えたといえます。

No. 310

学生時代が一番おもしろかった……

こそばゆいけど、

青春は年とともに消える過ちである

スウェーデン

多くの過ちを犯してこそ青春時代の価値があるのではないでしょうか。そこには、捨て身で人生に真摯《しんし》に向き合う姿勢があります。しかし、年を重ねて賢くなることから、過ちを犯さなくなってきます。同時に、人生を謳歌する意欲が失われていくという過ちを犯しがちです。

No. 311

この前の出来事が気になってしょうがない……

良馬はうしろの草を食わず

中国

良い馬は自分が踏んで通った草を決して後戻りして食べることはない。転じて、過去にとらわれることなく未来に向かって生きていくことが大事ということ。人は何か辛かったり、悔やんだりしたことがあると、心がとらわれがちになります。過去は過去として決別し、未来に向かって歩みなさいと、教えています。

No. 312

生き抜く覚悟を持つ

死は死
なんで喘《ぜい》鳴《めい》に
心を煩《わずら》わすのか

クルド

喘鳴とは、ゼーゼーと苦しそうな呼吸や音の意味。「死」は必ずやってきます。わかってはいても、いざ喘鳴や臨終を目の当たりにすると心が動揺するものです。多くの人にとって死ぬことは恐怖であり、自分の身に起こらないことを願うもの。しかし、死は必ず訪れるものと考えを改め、それまでどう生きるかを考えることが大事です。

No. 313

戦争しても、ボーっとしていても、
夢に生きても逃れられない運命

今から百年後は
すべて死者

スペイン

すべての生命に例外なく死はやってきます。そんな死を考えれば、世間の争いごとなどは取るに足らないことのように思えます。みんなどうせ死んでしまうのですから。今、何かで悩んだり、苦しんでいたり、いざこざを起こしたりしても、確実に百年後には死んでいます。そんな人生ですから、楽しく生きないともったいないのではないでしょうか。

No. 314

一瞬一瞬を大切に

青春は雷雨のごとく
またたく間に過ぎ去る

シベリア

青春は人生の中で最も多感な時期。この期間の過ごし方次第で、その後の人生のあり方が決まるといっても過言ではないような大切な時期です。しかし、何もしなければあっという間に過ぎ去ってしまいます。青春時代を過ごしている人は、そうならないように、一瞬一瞬を大切に過ごしていきましょう。

No. 315

今は苦しくても、未来は明るい

暗い夜がどんなに長くとも
夜明けは必ず来るし
寒い冬がどんなに長くとも
春は必ず来る

中国

このことわざを人生にたとえるならば、今は逆境の身でも、必ず報われるときがくるということ。何かに苦しみ、その渦中にいるうちは、とても希望を見い出せるような心の余裕はないかもしれません。しかし、「今は苦しくとも、必ずいつか、よい方向へ変わる」と信じて、耐え忍んでいきなさいという教えです。

No. 316

一喜一憂こそが人生

今日はワハハ
明日はアーア

マケドニア

人生には良いことも悪いことも、いつ起こるかわからないものです。何かが起きたとき、そのたびに一喜一憂するのが私たちの常といっても過言ではありません。そんな毎日だからこそ、何が起きても前向きに対処できるよう、少なくとも心身の健康維持には努めていきましょう。

No. 317

決死の覚悟で事に当たる

主君に剣を抜く者は鞘《さや》を捨てねばならぬ

イギリス

「主君に剣を抜く」とは、忠義を尽くすべき人に謀反《むほん》、離反すること。「鞘を捨てる」とは、決死の覚悟をさします。一度覚悟したからには、後戻りが許されないことをいいます。たとえば、会社を同業他社に転職したなら、古巣からは敵視されるようになります。しかし、決意したなら覚悟を持つべきとの戒めでもあります。

No. 318

運命のドラマは突然に

グラスと唇の間でワインがこぼれる

ドイツ

何かに取り組んだとき、それまで順調に進んでいたのが、なぜか、その成就直前に限って問題やドラマが起こることがあります。そこで挫折しないためには、成就する直前こそ気をつけるものだと最初から想定するのも手。ドラマが起こるのなら、それを楽しむのも一興です。

No. 319

どれにしようか、どうしたらいいか……

汝《なんじ》の愛を選びなさい
汝の選びを愛しなさい

ドイツ

すべての人を平等に愛するという意味の言葉に「博愛」があります。人として最高の成長の姿かもしれませんが、人の行いには限りがあるため難しいものです。自分ができることは、愛するものを選び、選んだものを愛することです。「人生は選択の連続」。そこに、愛を伴わせなさい、という教えです。

No. 320

決断は人に任せてはいけない？

相談はひとに
決断は自分で

チベット

多くの知恵を得るためには多くの人に相談しますが、実際に決断を人に委ねず、自分でする、もしくはすべきと、このことわざは教えてくれます。決断は責任を伴います。決して他人は責任を取ってくれません。自分に返ってくる結果に自分が納得できるように、よい決断ができるようになりたいものです。

No. 321

夢はあっても、何をしたらいいのか……

意志あるところに道あり

オランダ

何かを成し遂げたいという強い意志を持っていれば、そこに道ができるということ。逆に意志がなければ何をしたらいいのかわからず、その日暮らしになりかねません。もし、ダイエットを試みるなら筋トレの仕方を考え、もし、お金に不自由なく暮らしたいなら、家計簿をつけるようになるでしょう。意志を強く持てば方法は自ずと見つかります。

No. 322

私、浮いているかも？

オリオン座の
三ツ星のごとく
わが道を行け

ハワイ

オリオン座の三ツ星とは3つ並んだ二等星のことで、オリオンの帯として知られている星々です。無秩序に散らばる夜空の星々に忽然《こつぜん》と並んだこの三ツ星は輝きを放ち、オリオン座は簡単に見つけられます。同様に、志ある人は他人に目をつけられやすいが、振り回されずに、信じた道を進めばいい、そうこのことわざは伝えています。

No. 323

人は見た目ではありません

美しいリンゴはときに苦い

イタリア

自然界に生育する植物は、ある意味、人の期待を裏切ることがあります。美しい花にトゲがあったり、甘いと期待してかじったけれど、実は渋かったり、苦かったりと。それと同じように、人にもいえることのひとつに、美人は性格も、心もすべて美しいとは限らないということ。その苦さもまた味ととれるかもしれませんが。

No. 324

現実と夢とが区別できない

胡《こ》蝶《ちょう》の夢

中国

中国の戦国時代の思想家荘《そう》子《し》に関する説話の一節から取られた言葉で、荘子があるとき胡蝶になった夢を見る。そして目が覚め、胡蝶は本当の自分で、荘子は夢の中の自分なのではと思ったようです。どちらが現実で、どちらが夢か。そこから、現実と夢とが区別できないことを表す言葉として使われるようになりました。

No. 325

思わぬ幸運が舞い降りる

落ちたドリアンを拾う

インドネシア

ドリアンはフルーツの王様といわれ、独特の風味を持った食べ物です。ドリアンの木は高く、ドリアンは硬いトゲに覆われているため、容易に採れません。そんなドリアンを苦労せずに手に入るのですから、思いがけない幸運に恵まれるということです。日本では「棚からぼた餅」ですが、インドネシアはドリアンのようです。

No. 326

それって怠ける理由？

月曜日は怠け
火曜日はいやいや働き
水曜日は雨
木曜日は天気が悪い
金曜日は狩りに行き
土曜日は魚釣り
日曜日は休息をとった

スペイン

結局、何かと理由をつけて働かないことを表わしたことわざです。スペイン人の中でも「働き者」と評価されるカタロニア人（カタルーニャ人）が残す言葉です。こんな人にはなるなという自戒を込めたのか、実は休みたいのか……。いずれにせよ、月曜日は、ただただ怠けたいのがうかがえます。

No. 327

次の飛躍につながる

人は転んでこそ立ち上がれるもの

マルタ

失敗から学ぶことは多いものです。また、失敗は学びだけではなく、マイナスをプラスに変えようと、本来その人が持つ精神的なパワーも引き出します。失敗は決して悪いことではありません。最初から失敗したいという人はいませんが、結果的に失敗したということでも、それは次の飛躍につながるのです。

No. 328

何事も最後が肝心

最後の一滴で壺《つぼ》溢《あふ》れ

マルタ

やり過ぎてしまったこと。それもほんのわずかなことが原因で、台無しになることをいいます。ギリギリまで壺に入れられていたのは表面張力のおかげで、最後の一滴は溢れるべくして溢れたのかもしれません。健康も仕事も同じ。無理を強いていたら最後の残りわずかでも壊れてしまうもの。気をつけましょう。

No. 329

言いにくいことを、渋々言う言葉

ミミズがこう言う
「私は地中に住んでいるので、
鍬《くわ》の刃が自分に刺さる」

ナイジェリア

「職務上、仕方がなくあなたを裁く」という意味。裁判官を務める村長が言いづらい判決を言い渡すときに使う言葉です。ちなみに、ナイジェリアは人口の約5割がイスラム教徒だといわれています。宗教上の裁判もしばしば行われ、特に預言者ムハンマドを冒瀆《ぼうとく》する言動や行為に対しては重罪が言い渡されるようです。

No. 330

人と違うのにはワケがある

神は5本の指を同じようにはお造りにならなかった

イラン／アフガニスタン

5本の指には、それぞれ役割があって存在しています。同時に、同じ人間は存在せず、それぞれに神様から与えられた特性があるのです（似たことわざ→P201）。私だけ、記憶力が悪い、太りやすい、声が野太い……などは受け入れるとあなただけの武器になります。あとはどう使いこなすかを心がけるだけなのです。

No. 331

ありのままを受け入れる

バラの水で洗ったとしても
炭は白くならない

マレーシア

マレーシアでは、もともとの性質は変化しないといいます。人にもいえることで、華やかな服を着ても、内面はなかなか華やかにならないものです。それでも、華やかな自分になるように努めるか、もしくは、自分の個性を受け入れ、それを伸ばすことに努めるか。そこが人生の分かれ道です。

No. 332

恐れることはない

不変をもって万変に應《おう》ず

中国

しっかりとした基本や根となる心を持って臨めば、どのような物事の変化にも対応できるということ。万変するのは、たとえば企業では、世界や社会の情勢、新たな法律の制定や改正、取引先・顧客の状況などがあります。どんな変化があろうと、志を持って対応すれば恐れることはありません。

No. 333

自分の使命が何であるか

この世は舞台
人はみんな
それぞれの役を演ずる

イギリス

演劇にはさまざまな役割をこなす役者が登場します。それと同じように、人には天がそれぞれに合った役割を与えています。そして、それぞれがその役をこなしてこそ社会が円滑に回っていくのです。自分の使命を全うするというのはそのことをいいます。自分の使命が何であるかに気づきたいものです。

No. 334

禍が起きたときの備え

天に不測の風雲あり
人に旦《たん》夕《せき》の禍福あり

中国

大自然では思いがけない風雲の変化があるように、人間も思いがけない病気や失敗、事故や災難に遭ったり、また一方で思いがけない幸運や成功に恵まれたりもするということ。そうした禍福は予測することができないため、順調なときにこそ、禍が起きたときの備えをしておくことを心がけましょう。

12章 世の中を生き抜く勇気が湧く

社会の動き方がわからない、置かれた場所が不安でしょうがない、自分に何ができるかわからないなど、不透明な世の中の歩き方がわかります。

「ティーカップの中の嵐」
イギリス

No. 335

問題から離れてみる

ティーカップの中の嵐

イギリス

ささいな問題で争うことをいいます。たとえば、喫茶店で働くある人は「元気よく挨拶をしたほうがいい」という。別のある人は、「雰囲気を大切にしたいから小声でいい」と。反発しているようで、どちらもお客やお店を考えています。水と油ではなく、砂糖とミルクなら、ティーカップの中でいずれ溶け合うことでしょう。

No. 336

それってそんなに騒ぐこと？

オムレツひとつで大騒ぎ

フランス

このことわざは、17世紀、無神論者が油物をとってはいけない日にオムレツを食べ、周りが天の怒りに襲われると怯え、大騒ぎに。イライラしてオムレツを窓から投げて言い放ったことから、このことわざは生まれました。ささいなことで極度に騒ぎ立てることをいいます。

No. 337

盛り過ぎはいけません

成果よりも
宣伝のほうが多い

バングラデシュ

ちょっと手柄を立てたくらいのことで、大げさに自分自身をアピールしている人はいませんか。あまり度を越すと周りの人が嫌みに感じたりするものです。また、宣伝を信じ込む人がいたとしても、いつか成果の薄さに気がつきます。そして、がっかりすることでしょう。対して、どんな小さな手柄でも他人の手柄を褒めることは良いことです。

No. 338

艱難辛苦を乗り越える

死ぬことは難しい
だが、生きることは
もっと難しい

ロマ族

生きるのはなんと難しいかと嘆き交じりのことわざです。生活のために働き、人間関係に耐え忍び、年月による衰えに見ぬふりをする。生きることは辛いことで溢れています。だからこそ、自分より年齢を重ねる人には敬意をもち、同時代に生きる人には礼儀を持つのでしょう。精いっぱいこの難問に取り組んでいきましょう。

No. 339

明日は明るくなるって、なかなか思えない

命ある限り希望がある

スペイン

目の前の仕事が終わらないし、スケジュール帳には次の仕事がぎっしり。今やっていることで、未来がよくなると思えない……。そんなとき、どうしてもよくないことを考えてしまいます。でも、健全な精神と健康な体が最優先。予想もしなかった転機は巡るもので、どんな絶望にも希望の兆しは差し込みます。ただし、命ある限り。

No. 340

自分に合った悲しみの忘れ方を見つけよう

悲しみを忘れるのに
ドイツ人は酒を飲み
フランス人は歌を歌い
スペイン人は泣き
イタリア人は眠る

イギリス

このことわざは、それぞれの国民性の特徴を表したものですが、悲しみの忘れ方は国民性というよりは、人によってさまざまです。自分に合った忘れ方ができればベストです。さしずめ我々日本人がこの中に入るとすれば何と表されるでしょうか？「日本人は悲しみを忘れるのに仕事をする」でしょうか。

No. 341

行動を起こす、そのときを待つ

猫のように熱いおかゆのまわりを歩く

フィンランド

このことわざは、何かに興味を持ったり、何かしたいと思ったり、発言したかったりしても、実際にはそこに近づいたり、そのことについて発言したりしない人を意味します。そのような人は、積極的な行動が苦手なのか、あるいは、いつかそうした行動を起こすべきときを待っているのです。

No. 342

耐えて、耐えて、耐え抜いた人に訪れるもの

忍耐はバラを運ぶ

ハンガリー

部下に教育しても学ぼうとしない。資格試験の勉強が続かない。気になるあの人にアプローチしても振り返ってくれない……。続けることが大事だけど、心が折れるもの。それでも、と、忍耐を持って頑張っていると、ときに「深い尊敬」が、「奇跡」が、「情熱と愛」が、あなたを祝福してくれることでしょう（白・青・赤のバラの花言葉より）。

No. 343

世の中のルールに従う

この世は
サツマイモのようなもの
のみ込まない者は
のどを詰める

メキシコ

この世の中で生きていくために、世の中のルールに従わざるを得ないということ。そのルールとは、権力や権限を持つ力がある人に従うことや家庭を守るために労働をしてお金を稼ぐこと。治安が悪いために自分の身は自分で守ることなどです。メキシコ人の陽気な性格とは裏腹に、現実の生活は厳しいようです。

No. 344

ビジネスパーソンの心得

ねじれぬ手には
キスをせよ

トルコ

体の構造上、どうやってもうまくいかないなら、受け入れようということ。転じて、権限や能力などで自分よりも強い人には逆らわずに従うほうが得策であるといいます。たとえば、会社では、上司のほうが権限を持っています。仕事上のことで意見の違いがあったとき、変えられないのなら従うのが無難。ビジネスパーソンの心得です。

No. 345

苦難に遭遇したときに、人の真価がわかる

疾風に勁《けい》草《そう》を知る

中国

激しい風が吹いてはじめて風になびかない丈夫な草がわかるということ。転じて、苦難に遭遇して初めて、その人が意志や節操の堅固な人間であることがわかるということを意味します。人の心の中は、通常のおだやかな状態では本当のことはわかりません。苦難に遭遇したときに真価がわかります。

No. 346

約束はするけど、守れない

約束するのと約束を守るのは別

スペイン

いい得て妙のことわざです。約束は言うだけなら簡単です。政治家がよくやる選挙公約のように。しかし、他人との約束はもちろん、自分との約束も、その約束を守るのは別次元のことでしょう。「秘密にしてね」と言われた人との約束も、「健康のためにエレベーターを使わずに階段を使う」という自分との約束も、守るのはなかなか難しい。

No. 347

経験してみては?

胡椒《こしょう》の辛さは粒を噛み砕いて初めてわかる

スリランカ

人は、まだ自身が経験したことがないことに対して、先入観で決めつけることが多いものです。「こんなことは簡単にできそうだ」「これはきっと難しい」などと。しかし、関心を持ったことに対しては実際に経験することも大事です。もしかしたら、人生を変えるような経験になるかもしれません。

No. 348

前もって準備をしておくことが大切

「だと思った」よりは「念のため」のほうが良い

スペイン

後悔は、準備で補えることを表したことわざです。たとえば「今日は雨〝だと思った〟」と雨に打たれる人。もしくは「今日は〝念のために〟置き傘を持ってきた」と、濡れずにすむ人。両者とも、予測はしているのですが、後者が一枚上手。たとえそのとき、雨が降らなくても、その備えはどこかで必ず生きることでしょう。

No. 349

適度を心掛けよう

酒は
水を加えれば
味が落ち
水を加えなければ
人が堕落《だらく》する

スペイン

酒は水を加えると味が落ちてしまうものです。しかし、水を加えなければおいしくて飲み過ぎてしまい、体を壊しかねません。また、過度の飲酒が習慣になると人生を棒に振りかねません。酒を楽しむか、堕落しないように気をつけるか。悩むところです。

No. 350

油断は禁物

インディゴを
一滴落とすだけで
ポットのミルクは
ダメになる

マレーシア

たった一滴でも、間違ってポットのミルクに落としただけで、そのミルクは飲めなくなります。転じて、たった一度の失敗やちょっとしたミスで、人生のすべてが台無しになるということを意味します。

ちなみに、インディゴとは藍《あい》色の染料のこと。うっかりしてそうならないように、油断は禁物です。

No. 351

飲み過ぎない

涙をワインに変えることはできないがワインが涙に変わることはある

ドイツ

涙はワインには変わりませんが、酒のせいで思わぬ失敗、とんでもないミスなどを起こして、後悔の涙に変わることがあると、このことわざは表しています。酒で失敗やミスを起こす人の多くは飲み過ぎによるものでしょう。人にはそれぞれ体質に合った適量がありますので、くれぐれも飲み過ぎにはご注意を。

No. 352

のめり込みやすいため油断は禁物

バッカスと
タバコと
ヴィーナスは
男を灰にする

イタリア

ギリシア神話で「バッカス」は酒の神。「ヴィーナス」は愛と美の女神のことをいいます。男性が身を滅ぼすのは酒、タバコ、女性との関係であることを説いています。身を滅ぼさないためには、それぞれ、自分に合った適切な接し方を心掛けましょう。男性はそのどれもがのめり込みやすいから油断は禁物です！

No. 353

小さなミスがすべてを台無しにする

きれいなものに汚いものを加えれば全部が汚くなる

シベリア

このことわざは、きれいなものでも、そこに汚いものを加えれば、全部が汚くなると伝えています。これは、たとえばビジネスの世界で、理念や信条がどんなに高邁《こうまい》な人でも、ドロドロした現実社会に溺れ、たとえ小さくとも、不正や悪事を犯してしまうと、信頼はいっきに失墜してしまいます。

No. 354

それぞれ違いがあるのは当然

ラクダにはラクダの考え
主人には主人の考えがある

アラブ

主従は、お互いの立場や主張が相反していて両立しないということ。会社での上下関係もそうですが、お互いの立場の違いから、考え方や意見の違いが生じやすいものです。そのようなことからぶつかった場合、それぞれ違いがあるのは当然のことと受け止め、その調整をしていくように心がけたいものです。

No. 355

世間での噂話は長く続きはしない

今日の新聞は明日には魚を包む

スペイン

「ニュース」とは、まだ誰も知られていないような新しい情報、珍事件をさします。ニュースが載る新聞紙は明日には他の用途で使われる。転じて、このことわざは、どんなニュースや噂話も、長続きしないことをいいます。「人の噂も七十五日」に近いものです。ただし、スペインではわずか一日のようです。

No. 356

人の噂話は防ぐことができない

三人が知ることは百人が知る

ドイツ

秘密にしておきたいことをつい口の軽い友人に話してしまったところ、周り中がそのことを知ることに。「誰にも言わないで！」と言ったのに……。これはあとの祭りです。本当に秘密にしておきたければ、決して口にしないか、もし言ったとしても相手を選ぶのが無難です。

No. 357

人の口をチャックで閉めることはできない

2人の秘密は神にも秘密
3人の秘密はみんなの秘密

フランス

2人の間で秘密にしていることを、別の人が知ると、もはや秘密ではなくなる。これを「公然の秘密」と呼ぶことがあります。つまり、建て前上、秘密ということなのですが、広く多くの人に知れ渡ってしまっているのです。こうなってしまえば、むしろ隠し立てはしないほうがいいかもしれません。

No. 358

人にばかり尽くして、
誰が私に尽くしてくれるんだろう

もし、私が私のために
存在しているのでは
ないとすれば、だれが
私のために存在するのか

ユダヤ

私は私自身のために生きているということ。決して私が他人の人生を歩むわけではなく、他人が私の人生を歩むわけではありません。自分の人生は自分が決めるもの。自分が必要なものは自分で選び、自分が良いと思う方向に歩んでいく。それらの責任はすべて自分が負う。それが人生なのでしょう。

No. 359

順調なときこそ気を引き締める

水面《みなも》が静かだからといって
ワニがいないとは思うな

マレーシア

表面上は波風が立たずに静かだからといって、安心してはいけないということ。これは、物事を進める際にもいえることです。たとえば、プロジェクトが順調に進んでいるように思えても、ちょっとしたミスや配慮不足が事故やトラブルにつながりかねません。順調なときこそ気を引き締めて進めましょう。

No. 360

優劣には意味がない

水は火を消し 火は水を蒸発させる

スリランカ

優劣を競う意識を持つことの愚かさを指摘したものです。何事にも優劣をつけたがるのが人の心情です。成績、出身校のブランド、容姿、所有財産など、優劣を競って一喜一憂します。そんな気持ちが芽生えたら、優劣には意味がないと思い、今の自分に磨きをかけることに意識を傾けましょう。

No. 361

人は見た目ではわからない？

馬の良さは
乗ってわかる
人の良さは
付き合ってわかる

モンゴル

気の荒そうな馬にまたがってみたら、意外と従順な馬だったように、馬は乗ってみるまでわからない。人も同じように、見た目ではわからず、付き合ってみないとわからないということ。怖い顔して、実は優しい人もいるように、見た目だけで判断せずに、まずは話をしてから判断するのはいかがでしょうか。

No. 362

世渡りが必ずうまくいく方法

床屋へ行けば一日幸せ
妻をめとれば一週間
新馬を買えば一カ月
家を建てれば一カ年
正直に暮らせば一生幸せ

イギリス

幸せが長続きする法則のようなことわざです。正直者であることが世渡りに良いという教えです。正直者はバカを見るともいいますが、それでも正直を貫くと、誰かが助けたくなるもの。また、誰からも疑われることがないため、親しみをもたれやすいのです。

No. 363

人の本性は、事件が起こったときに現れる

ストーブのうしろでは誰もが英雄

ドイツ

ゆったりとストーブに当たれるような平和な生活をしている人は、一見、偉く見えるもの。しかし、事件や不慮の事故が起こったときに、大らかではいられないため、その人の本性が現れるのです。頼りになる人かどうかを見抜きたいときは、その人が大変だった時期に何をしたかを聞いてみましょう。

No. 364

知恵者になれば千人力

腕で一人に打ち勝つ頭で千人に打ち勝つ

モンゴル

このことわざの意味は、腕力ではたった一人の人間しか打ち負かすことができないが、頭脳を使えば、たとえ敵が千人いようと打ち負かすことができるということ。つまり、力だけに頼らず、知恵を使うほうがよいという教えです。何事にも、よい効果やよい結果が出るように、知恵を働かせることができる知恵者になりなさいという教えです。

No. 365

ずっと幸せでいたい

ときには星の光
ときには月の光

台湾

日によっては、星が広がっていることもあれば、月の明るさに星が見えなくなることもあります。星々と月の関係のように、幸福と不幸は決して同時に起こらないということ。不幸にさいなまれていたら、幸福が見えず、幸福にとらわれていると不幸に遭いかねない。どちらもその時にしか経験できない一瞬一瞬を大切にしてください。

主な参考文献

『世界の故事名言ことわざ総解説』（自由国民社・２０１７年）
『世界ことわざ大辞典』（大修館書店・１９９９年）
『世界ことわざ比較辞典』（岩波書店・２０２０年）
『世界 ことわざの泉』（河北新報出版センター・２００８年）
『世界たべものことわざ辞典』（東京堂出版・２００７年）
『誰も知らない世界のことわざ』（創元社・２０２０年）
『世界のことわざ１００』（総合法令出版・２０１８年）
『世界の諺に学ぶ友人・友情の真実』（近代文芸社・２００６年）
『英語のことわざ』（創元社・２０００年）
『幸せな人は知っている 世界のコトワザ』（無双舎・２０１１年）
『世界のことわざ』（旺文社・２００８年）
『日本のことわざ世界のことわざ』（幻冬舎・２００４年）

〔制作スタッフ〕
デザイン・ＤＴＰ
梅沢 博
編集協力
有限会社イー・プランニング
須賀柾晶
イラスト
生田目和剛

青春新書 PLAYBOOKS

人生を自由自在に活動《プレイ》する

人生の活動源として

いま要求される新しい気運は、最も現実的な生々しい時代に吐息する大衆の活力と活動源である。

文明はすべてを合理化し、自主的精神はますます衰退に瀕し、自由は奪われようとしている今日、プレイブックスに課せられた役割と必要は広く新鮮な願いとなろう。

いわゆる知識人にもとめる書物は数多く窺うまでもない。

本刊行は、在来の観念類型を打破し、謂わば現代生活の機能に即する潤滑油として、逞しい生命を吹込もうとするものである。

われわれの現状は、埃りと騒音に紛れ、雑踏に苛まれ、あくせく追われる仕事に、日々の不安は健全な精神生活を妨げる圧迫感となり、まさに現実はストレス症状を呈している。

プレイブックスは、それらすべてのうっ積を吹きとばし、自由闊達な活動力を培養し、勇気と自信を生みだす最も楽しいシリーズたらんことを、われわれは鋭意貫かんとするものである。

—創始者のことば— 小澤和一

編者紹介

話題の達人倶楽部〈わだいのたつじんくらぶ〉

カジュアルな話題から高尚なジャンルまで、あらゆる分野の情報を網羅し、常に話題の中心を追いかける柔軟思考型プロ集団。彼らの提供する話題のクオリティの高さは、業界内外で注目のマトである。本書は、「世界のことわざ」をテーマに、深い学びが詰まった一言を厳選して収録。今まで知らなかった言葉の数々に、心が豊かになる一冊。

世界《せかい》の知恵《ちえ》を手《て》に入《い》れる
座右《ざゆう》のことわざ365

青春新書 PLAYBOOKS

2021年1月1日　第1刷

編　者　話題《わだい》の達人倶楽部《たつじんくらぶ》

発行者　小 澤 源 太 郎

責任編集　株式会社プライム涌光

電話　編集部　03(3203)2850

発行所　東京都新宿区若松町12番1号 〒162-0056　株式会社青春出版社

電話　営業部　03(3207)1916　振替番号　00190-7-98602

印刷・三松堂　製本・フォーネット社

ISBN978-4-413-21177-2